人生は
わくわくする
冒険旅行

陣内　恵
megumi jinnouchi

わくわくする冒険旅行にようこそ

人生はわくわくする冒険旅行

(今この一瞬に未来を変えるチャンスが潜んでいる)

　わくわくする冒険旅行にようこそ！

　私達人間は、自然（神）が作った、精巧なるコンピューターです。

　人は生まれた時に、将来の青写真がDNAの中に書き込まれているそうです。どの様な容姿でどんな髪の色、肌の色、目の色、体型になるか、遺伝的な病気はどうか、性格はどの様か、特別な才能はどうか、どの様な人に惹かれるか、両親から受けついだ特徴など、身体的から、精神的な事まで、人生の概略まで書かれているらしいです。

　このようなものは、生まれる以前に人間のコンピューターにインプットされ、変えようがありません。私の考えでは、人間は何回も生まれ変わってくるのですが、今回のテーマも自分でインプットして生まれてきたのです（もちろん生まれてくるときには本人は全部忘れていますが）。そのため、人は、運命が決まっているように思う人もいるのです。また全く決まってないと思う人も中にはいます。しかし、運命は、決まっているわけでも無く、決まっていないのでも無いのです。生まれる前に決めた50％の運命はあります。自ら企画した山あり谷あり崖あり、落とし穴ありでスリル満点。残りの50％の運命は、自分で作っていけるのです。どうですかわくわくするでしょう？

　人の幸福感は千差万別ですが、私達は、健康で幸福で、自分なりに成功した人生を送りたいなら、自分のコンピューターに新しく未来をインプットしなければなりません。また行き当たりばったりの生き方に飽きた人もその方法をこれから学ばなくてはいけません。自分のコンピューターには、心（精神）を使います。まず勉強しなくてはいけないのは、自分です。

　あなたは何か？　あなたはどんな存在で、どんな事が出来、どう考えるのかです。この勉強は、先を急いでドンドン進む方法ではありません。

　ゆっくり研究し、熟考し、深慮を要します。これから学ぶのは、いままで思っていたものとはちょっと違う思考方法かもしれません。それがあなたと一体になるまで熟考しましょう。やがて実際に自分の思うような道を歩くあなた自身を、自分の目で見る事でしょう。ずしっと重く古い生き方のコートを脱ぎ棄て、新しく軽い生き方の服に着替えるのです。

　次から次へと新しい冒険にチャレンジしていき、辛く苦しい困難が待ち受けていると思われていた人生体験からワクワクドキドキの楽しい人生旅行に変わるのです。

　あなたの本質は何であるかを理解し、人にどう働きかけるのが良いのか、今の体験が自分にとって不快だと感じたら、好ましい体験に変えるのはどうすればよいのか？

　自分が変われば未来が変わると人は言います。

　いかに思うかを学ぶ事は、いかに生きるかを知ること

です。

　いたるところに満ち溢れている、生命エネルギーに命を吹き込み新しい創造をしていきましょう。幸福で、満足した人生をあなたが作り上げていくのです。

　この学びの最後には、自信に満ちたあなたを発見する事でしょう。

　　私はそれを約束出来ます。

陣内　恵

人生はわくわくする冒険旅行

目　次

これまでの人生

　私は今までの人生の中で、人は、なんでこんなに苦難（中にはもちろん幸福に人生を謳歌している人もいます）があるのか運命について考えてきました。全ての人に悩みや苦労が大なり小なりあります。そこで約何十年、人には運命があるのか無いのかまたどうしたら幸福な人生を歩めるのかを研究してきました。運命学を学び、心理学を学び、現実に、多くの人々（日本人のみならず、外人も入ります）にカウンセリングをし、鑑定してみました。一般的に運の良い人々とはどの様な考えを持ち、どの様な運勢の持ち主か、又最悪の人生の人は、今現在、また過去どの様な運勢で、どの様な考え方をしていたのか。運勢を見るその手段は、運命学の中では最高の学問と私が認める算命学（自分の物にするには十年以上かかります）です。そこで私なりにわかったことは、運命は50％なのではないか、ということ。こんなに高いとは思っていませんでした。かつて「運命なんて無いだろう」と考えていましたが、延べ人数何千人を見ると、皆さん運命（算命学）通りに生きているのです。驚きでしたし、ショックでした。また運のいいとされている人々は、共通した考えや行動あること、また運が悪いとされている人々も共通した考え方や行動パターンがあることに気付きました。そのことは運と言うコーナーでまとめて書いてあります。

　私の考えでは50％はＤＮＡの中に、運命が書き込まれているのではないかと思います。算命学的に言えば、基

本の運命のパターンは 60 × 59 × 58 種類あります。しかし現実的には、親の運命も兄弟があるかないかがあることですから、一人ひとりの運命は、まったく同じ日に生まれても全て同じになるなどあり得ないのです。その運命パターンの中には、どの様な親に育てられ、どの様な環境で、どの様な人を好きになり、どのくらい人生の岐路に立ち、いつごろどの様な病気になりと大まかですが書き込まれています。

それでは、運命が 50％と仮定して、その運命を誰が書いたかが問題です。私は、生まれる前の自分ではないかと思うのです。人は何回も転生輪廻を繰り返しているという立場を私は取っています。近い将来当たり前に地動説同様一般的な考え方になると思います。この考え方が当たり前になったら人種差別の考え方は無くなるでしょう。人間性、魂の向上のため、勉強するのだと思います。

私は、前世で出来なかったことや（人間性を高める事等）、やり残した事を今生でクリアーしようと自分で、運命を描き生まれてきたのではないかと思うのです。生まれ出た段階でそのことはきれいに忘れているのですが、自分で設定した運命に対し、解決できない苦難はないのです。自分で作ってきているのですから。後の残りの50％の運命は、生まれてから、自分次第で、どの様にもなるのです。努力（それなりの正しい努力）して頑張っている人にはそれなりに運が向いてくるでしょうし、いくら良い運命を持って生まれても、怠惰で、人に不親切で、強欲な人、人を苦しめている人は、運は下がっていくのです。お釈迦様はこの世は苦であるとおっしゃいました

が、私は100％苦ではないと思います。50％苦難がつきものですが、残りの50％を苦しみの中であえごうとも、喜びの中生きようともあなた次第なのです。其れが私の研究結果です。また苦難を、人間性を高めるスリル満点の冒険ととらえれば楽しくなるでしょう。今は成功哲学的な本、また自分で何も経験してない亜流の本が出回っています。何でもかんでも成功して全てよしではないのです。苦難も入れて全てよしです。この世は弐元一局の世界だからです。成功を追い求めるためにこの世に、この地球に生まれたのではなく人間性を高めるために、また人の幸福にどれだけ貢献できるかのために来たのです。副産物としての成功した人生があるのです。成功が目的ではないのです。成功したら幸福になれる？　脳科学者の茂木氏の本の中でも言っています、「その一瞬だけ脳は喜ぶが永続性はない。人の役に立っている、人が必要と思っている其の時に脳はずーと喜びを感じる」と。

　それでは、自分なりに幸福に生きるためにはどうしたらよいか考えていきましょう。

　その前に私自身のことをもう少しお話しましょう。以前「地獄の訪問者」にも書きましたが、詳しくお知りになりたい方は読んでください。結婚後まもなく、義母がうつ病になりました。何年かの間、十軒以上の病院に一緒に出向きましたが、一向に治る気配がない。いやむしろ薬は増えて行くのに前以上悪くなっているようでした。なぜ治らないのだろうと疑問がわきました。大学病院か

ら、日本で有名な医者まで、いろいろ行きました。中には、義母に日記を書かせる先生もいました、それを読んだ先生は、何もしないで昼間寝ていて、夜は眠れないだろうし我儘過ぎると義母を批判しました。人のことを第一に考えて生きていたという自負のある義母は心がつぶれそうになり、泣いて帰りました。その頃の私は、小さな子供を抱え、うつなどどういうものかも皆目分からず、義母をとても気の毒に思いました。毎日布団をしいて、寝ているのです。気分の良い時は、たまに買い物に出かけ、食料品を買い、すぐに逃げるように帰ってくるのです。夫のために夕食を一生懸命作っていました。義父が仕事の外泊や旅行などの時は、とても一人では寝てもいられないのです。私達の家に泊まりに来るのです。私も何とか治す方法はないものかと、森田療法や様々な心理学の本、**フロイトやユング、アドラー、ロジャース**など読んでみたりしていました。西洋がだめなら、東洋とばかり東洋の人間分析を勉強したりしていました。

　そんなある日のことです。私の伯父夫婦が火事を出し、移転の方角が悪かったのではないかと風水の先生に相談し、その先生からお守りの神様をいただき、それを伯父に渡しての帰りの電車の中でのことです。兄みたいな存在の叔父のことを心配し過ぎてほっとしたやら、心配したやらで、ほんの一瞬です、頭に死ぬのではないかと思った瞬間、私の精神は真っ逆さまに地獄に落ちてしまったのです。パニック障害と俗にいうものになり、その後うつ状態になり、家から一歩も出られなくなってしまったのです。駅前のスーパーにもいけません、もちろん電車

にも乗れません、毎日が地獄、毎時間が地獄、毎分毎秒が地獄でした。地獄とは、まさにこのことだと思いました。感情をあらわに出して泣くこともできません。そうすることも怖くてできないのです。全てが怖いのです。じっと布団をかぶって寝ていたい心境なのです。義母の気持ちがはじめてわかったのです。こんなにも義母は苦しいのかと。義母を治してあげたいと、強く思ったのでした、それで自分がなってみろと、神が地獄へ落したのでしょう。ある意味望みがかなった状態？　私の環境は、義母のような良い環境ではありませんでした。布団をしいて一日中寝ていい日はありません。幼いわんぱく息子２人を抱え、その上、私の本当の母は、心臓の手術を控え、今の私は電車に乗れないのに、電車に乗って病院まで行かなくてはならないのです。手術のための輸血を誰かに頼まなくてはなりません。母に心配はかけられません。主人以外、誰にも自分のことは話さず、この難局をどう乗りこえたらいいのか、皆目分かりませんでした。また義母の経験から病院に行っても治らない、薬を飲んでも治らないどうしたらいいのと神様に祈りました。絶望とはこのことだと思いました。絶体絶命のピンチです。言語を絶する苦しみの中。この状態が永遠に続くとしたらどうなるのだろう。誰にもこの苦しみがわからない。あまりの苦しさに何回も、自殺を考えました。あまりの苦しさに、知らないうちに、頭がもうろうとして、幼い子供達を連れて、どんよりとした天気のある寒い冬日、海辺近くをさまよっていることがありました。そのとき長男に、

「こんな冷たい海に、僕は入りたくありません」

　と言われ、ハッと我に返ったのでした。子供を犠牲にはできない。幼い子供を残すこともできない。しかし、自分がこの世から無くなってしまったら<u>どんなに楽だろうに</u>とも考えました。その時です、義母の病気を治そうと、心理学者ユング博士が易学の本を出したり、曼荼羅を研究していたことから西洋がだめなら東洋とばかり、東洋思想を学んでいた時のことを思い出しました。易学を学んだとき、先生は神仏がわからなくては、易は占えないと言われました。神も仏もわからない私は、そこで、キリスト教を家に来てくれてバイブルを教えてくださる教団から学びました。20代で易を学ぶ人はなく、クラスの人は、50代から60代の人ばかり、なんらかの宗教集団に属している人が多くいられ、教団の宗教書を貸してくださり、読みました。その中に、法華経の本があったのです。初めてその本を手に取り読み大いに驚きました。私が想像していた内容とまったく異なったものでした。仏教の本に宇宙が書いてあるなんて思いもよりませんでした。星の生々流転する姿と、私達の心の動きは同じだと書いてありました。そして、法華経をずーと読み進んでいくと25番、観音経にぶち当たりました。そのなかで、涙を流して感動した一文がありました。

「観音は、お前がどんなに苦しい状態にあっても、お前を救いに行く、人の話の中に、野の草の中に、本の中に観音はいる」

　これを読んだときは、涙が止まりませんでした。それを地獄の一丁目で思い出したのです。

観音様が救いにきてくださる。私にとっては、まさに蜘蛛の糸。一条の光でした。その後人と話すときは、全神経を傾けました。どこかに観音がいる。探しました観音を！　そこで少しわかったことがありました、自分をなくせばこの病気は治るのではないか。自分がありすぎるので、あまりにも怖い経験から、全てを警戒し、自らを保護し過ぎて自分ばかりになってしまったのではないか。自分、自分、自分と自分をなくすことがどんなに大切かも学びました。日本に昔からお祭りがあるけれどもこれも自分をなくすためには必要なこと。感動する事、熱中する事、精神衛生には大事なことだと勉強になりました。人の話を一生懸命聞いていると、そのあと、少しだけ改善されるのです、地獄の状態から。その時は確実に自分はいなかったのです。

　その後、いろいろな本を読み、かつ学び、そして自分自身を実験材料として心の動きを研究し直して行くうちに人間は、神が作ったコンピューターではないかと考え至りました。心はとてもメカニカルな動きをするのです。またフランスの哲学者ジャンポール・サルトルが語ったように絶望の中に希望を持つことの大切さを痛感しました。意識せずに自分を苦しめた考え方をインプットした自分コンピューターに、あらたに、自分を幸福にする未来をインプットをし、（そう希望を持ったのです、でも希望を持つことがどんなに難しかったか）、うつ病を治したのです。勿論神仏に祈りました、「助けて、もしも治して下さるなら、縁にふれた全ての人の幸福の為に生きたい」と……。

　今は自分の好きな生き方を自分コンピューターにインプットし、楽しい人生を手に入れる事が出来ました。うつ病を治そうと思ってしたいろいろな取り組みが神の眞所の扉を開けたのです。私はある意味奇跡と思います。一生地獄と思っていた涙なんて出ない乾いた苦しみから天国になったのです。泣けるのはまだましなのです。その後吉祥寺で、西洋の心理と、東洋の人間分析を合わせたカウンセリングを20年以上行い人の幸福のお手伝いをさせてもらっています。精神的には勿論のこと物質的にも好きな物を購入したり、好きな所へ好きな時に旅行にいけたり自由に暮らすにはお金も大切です。そんな自由も手に入れる事が出来ました。そういたるところに、私を救おうと観音様がいらっしゃったのです。地獄からの生還、出来るとは思っていませんでした。今現在も苦しんでおられる方がたくさんいらっしゃると思いますが、その方々のためにも、自分をみじめに思っていらっしゃる人のためにも、少しでもお役にたてばと思います。これからもっと幸福になりたい人のためにも役立てたいと考えています。

　それではその人間コンピューターの使い方をお教えしましょう。

　自分自身を研究。自分がどの様な存在で、何が出来るか。どんな機能を持っているか。
　心の財産について考察していきます。目では見えないが確実にあるものです。

肉体が態度や思考にどのように反応するか。結果ではなく原因の分野での仕事を学ぶ。

心の法則について。この世には法則があります。勿論精神にもいくつかの法則があります。しっかり学んでいきましょう。

心の使い方を学ぶ。苦難についてまず検証する。肉体的苦難、精神的苦難、経済的苦難。

肉体や精神の健康。成功的結婚。悪い習慣を止めて、いかに良い習慣に変えるか。どの様に劣等感やコンプレックス、取り越し苦労、神経質を克服するか。自分自身を十分に表現するにはどうすればいいのか。苦難は何のためにあるか、苦難、絶望からの脱出方法。

自分の好きな人生の作り方。今置かれた環境が自分にとって好ましくなかったり、楽しくなかったりしたら、何時でも自分好みに変えられる。勿論人を苦しめるのは論外です。

自分の望みや希望を邪魔するもの。いくら望んでも叶わない邪魔物の正体学びましょう。

運について。運をよくするには、自力もありますが他力もあります。運の種類、運の動きについて学んでいきましょう。運のいい人に共通している考え方や行動。

祈りについて。ある祈りは聞き入れられ、ある祈りは聞き入れられない。どうしてそのようなことが起こるのかを検証していきましょう。どの様に祈るのかを個々の望みに従って考えて行きましょう。

Ｌｅｓｓｏｎ１）自分自身の研究

　まずはじめに大切なことは、あなたです。あなたは、今までの地球上で、他のいかなる人とも違う、天にも、地にもいない、たった一人の大切な存在です。あなたは、全世界のなんびとも占めなかった場所を占めているのです。あなた自身の重要性を意識し、自分を大切に思わなければ成りません。かつてお釈迦様は、天上天下唯我独尊とおっしゃいました。私の考えでは、彼だけが素晴らしいと言ったのではなく我々すべての人、一人、一人が皆尊いと言う意味と解釈します。今のあなたは知ってか知らずか、この世にあなたしかできない大切な使命を持って生まれてきたのです。

　大自然（神、仏、サムシンググレート）は、その威力と本性と才能の全てを分けて、あなたになったのです。大自然の才能、才知、表現能力、などのツールを持ち、あなた自身の豊かさが善のためにふんだんに注がれ、使われるのを待っているのです。かつて電気を発見した人は言いました「電気は目に見えないけれど、使いなさいそれはある」と……。あなたの望みがなんでも、その生涯に、必要な要具を備えているのです。その要具とは、精神です。精神は偉大な創造を司るのです。自分に必要な物はすべて自分の中にあり、好きなように自分を創造し、経験し欲求が実現出来る完璧なシステムを備えています。

　魂の夜明けの時代に入っているのです。「目に見えないけれど、それはある、使いなさい」電気はコストがかか

りますが、精神は自分に備わっているものなのでタダです。なんてラッキーなのでしょう。

　あなたの本質は目に見えません。魂の存在、愛の存在。あなたは体だけの存在ではなく目に見えないものも大切にしなければなりません。

　ここでちょっと運命について触れておきましょう。生まれる前にインプットしている運命は、変えられません。しかし配偶者、仕事、何処に住むか、何を選ぶかにより多少の変化があります。

　運命とは一体どの様な物でしょうか？

　二つ考えられます。

　まずひとつは、先天的運命です。生まれる前に、自分である程度の概略を作って生まれてくるのです。どの様な性格で、どの様な事が好きで、どんなタイプの人が好みか。親はどんな親で、どのように生まれ育つのか、どんな苦労をして何を勉強するのか……とまあこのような具合です。最近の量子物理学の世界ではこのような考え方が定説となりつつあります。アメリカのテレビ番組で、ある四つ子のことが放映されました。生まれてから、ある事情から４人それぞれ別々に里子に出され、お互いの存在を知らされず育ちました。あるときその中の一人が、毎日自分と同じ顔をした人物に出会う夢を見て、これは何かあると考え、自分の過去を調査した結果、自分にはあと３人の兄弟があることが判明し、４つ子だとわかったのです。そこであちこち探し回り、４人は会うことに

なったのですが、ここが面白いのです。4人とも性格が似ていて、好きなもの同じ、好きな職業同じ、全員年上の彼女だったのです。4人の育った環境は、それぞれ全く違うのにもかかわらずです。人間は環境の動物と言われてきましたがそれだけではないのです。

　算命学の人間分析にはよくそのことがわかります。その中には、どの様な苦労があるのかも書かれています。

　もうひとつは、後天的な運命です。

　自分の運命を各自が毎日創造しているのですが、そのことを知っている人は少ないのです。この本では、自分自身の未来を、これからどの様に作り上げていくのかを考察していきます、その過程を説明していきます。今度は自分というコンピューターを駆使して未来を意識をもって作っていくのです。

あなたは何が出来るか。

　あなたの心のコンピューターの使い方次第で、あなたは、天国へも地獄へもいけます。

　これから学ぶ事は、あなたの世界を、大きく変えてしまうでしょう。

　私達は、小学校でも、中学校でも、高校、大学でも、心（精神）の使い方を学んだことがありません。しかし、自分の心をよくコントロールし、使いこなせるようにし

なければ、自分の幸福はありえないのです。自分の世界を実りある物にしたかったら、心（精神）を学ぶ必要があるのです。なぜなら、心はなんでもつくりだす、ドラえもんのポケットのような物だからです。

　自分の心をジーと見て見ましょう……。この心は、あるときは、安定していますが、不安定になったりころころ変わります。だから心と言うのだそうです。

　この宇宙には一つの精神があります。それを各自が使っているのです。日本では、神の魂が各自に分け御霊としてあるとされています。

　世にいう偉人といわれえる人々は、このことを知っているか知らないうちにうまく利用していたのです。普通のあなたも、もしもこの心を理解し有効にお使いになれば、あなたは、これまで以上の事が出来、これまで以上の物を持ち、これまで以上に精神的にも経済的にも満足して生きられるのです。そうあなたも奇跡を起こす事が出来るのです。信じられますか？

Lesson 2）
心（精神）という道具について調べる

　自分について考えた事がありますか？　自分の存在についてどう感じていますか？　え！　考えたことが無い？　あなたの世界は、まさにあなたから始まっているのです。あなたがいなければ混沌とした無の世界なのです。

　あなたは、大自然の中の一つの点です。己に命令し、己に方向をあたえ、色々な状態を自ら作り上げていく複雑な構造をもっているコンピューター的なものと考えられないでしょうか。目で確認できないコンピューターです。しかし、今日のコンピューターよりも複雑に緻密にできていて使いこなせる人は少ないです。素晴らしい機能を沢山持ったこのコンピューターを如何に使いこなしていくかが、今後、我々に課せられた大きな課題でもあるのです。現在我々の生活は、どんどん便利になり、家には電化製品があふれ、自動車や、飛行機が我々をいろいろな所へ運んでくれます。世界中旅行もできます、しかし進歩が遅れているのが人間の心です。世界を見渡せば、戦争やテロがいまだに横行しています。相手の迷惑や苦しみも考えない行動を平気で行っている国や人々の多い事。全世界の富がほんの一握りの人の手の中にあり、貧困で明日の食べ物も満足でない格差の世の中です。世界の中では、国の指導的立場の人たちの多くがタックスヘイブンを平気で行う現状があるようです。あいた口が

ふさがりません。人間性を引き上げ、人々の心も進歩させなくては、自然を大切にし感謝しなくては、地球の未来も無いのです。

　それでは機能（財産）の一つ一つを説明して確認していきましょう。この目で見えない財産は確実に我々の心の中に内在し、あなたの人生の目的のために効果的に使えば、結果は満足を得ることになるでしょう。

欲望……私達は、色々な欲望をもっています。
　　　　　幸福になりたい。お金持ちになりたい。自由でありたい。自分を表現したい。等、等、欲望には限りがありません。一つの欲望が満たされれば、また一つと無限です。欲求は精神の一つの状態です。ある宗教では、欲を断ち切ることが、幸福の道であると説いています。しかし欲望が無ければ、努力も、進歩もありません。いけない欲望は、人のモノを欲しがる心です。欲望を、未来への希望に変えればよいのです。

想像力……自分の未来を創造していく。計画を作る部門。イマジネーションを鍛える事の大切さを十分知らねばなりません。イメージが湧かなければ、新しい物が作れません。ビルを作る、会社を作る、自分の幸福な家庭、未来を作る、身の周りにある必要な物、美しい服、美しく

楽しい未来地図を作る、そのほか、みんなが幸せになるものを作る。無限の力が想像力にはあります。とても重要な部門です。勿論不幸な体験や戦争の道具も創造できます。

判断力……色々な状態を自分なりに白か黒か、上か下か、良いか悪いか判断する力。

推理力……既知の事実から、状況から未来を推しはかる能力。推理とは連想することで人間は連想出来る唯一の動物です。この力を我々は建設的にも破壊的にも使うことが出来ます。人間を破滅的とり越し苦労にも使え、輝かしい未来設計に使えます。

創造力……自分が精神で想像した物を現実的に作り上げていく能力です。

忍耐力……何かを達成するには、忍耐が必要。幸福になる為にも忍耐が必要な時がある。

感情……人間コンピューターにとって、感情は、古くからある機能です。間違えて使うと、辛く苦しい感情が、ずーとあなたのコンピューターを占領する時がありますので注意です。しかし、あなたがどの様に生きたいかについての色付けして

くれます。また未来のあなたの創造を後押しし
てくれるのもこの感情です。熱い思いが、あな
たの未来を切り開いてくれるのです。未来の扉
を開けてくれる力になるのです。
　美しいものを愛し、感激して涙を流すのもこの
能力です。

知恵……正しい知恵はあなたの羅針盤。知恵は使えば使
うほど体験の世界を拡大し、深くなって行きま
す。知恵は使わなければさびます。経験が知恵
を育てる最大の栄養です。

決断力……いろんな物から何をとるかの決断。右に行く
か左に行くか人生はいつも決断の連続です。

論理部門……一つの体験の記憶を取り上げ、それを他の
記憶と結びつけ、結果として新しい考え方
や連想したり、思考したりする。論理的に
使うか、非論理的に使うかで、未来の行動
が変わってくる。

内心の案内者……第六感。虫の知らせ。直感。

良心……抑制の心理過程。間違ったことをさせない心理。
人間性が上がれば上がるほど強化される。

理性……生命存続に重要な働きをします。自己破壊をし

ない判断や感情のコントロール。

愛……正しい愛、間違った衝動的な愛。人は何かを愛さ
ずにはいられないのです。人、動物、植物を。全
ての物に愛の香水を降りかければ、そのものの美
しさがまし輝くのです。料理でさえも愛のある料
理は、食べる人に喜びを与えるのです。

喜び楽しみ部門……喜び楽しみを無限に体験できる。

苦しみ悲しみ部門……精神的教育部門。精神的、経済的、
　　　　　　　　　　肉体的学びの部門。

顕在意識……私、あなたと人の表面にある意識です。自
　　　　　　由にいろんなものを選択できる、また自分
　　　　　　の未来や望みを決める意思決定の機関で
　　　　　　す。

潜在意識……顕在意識で意思決定したものを探す機関で
　　　　　　す。ここには意思はありません。よきに付
　　　　　　けあしきに付け希望実現の為に働く機関で
　　　　　　す。この機能を知らないといつも恐れてい
　　　　　　る事が実現していきます。聖書のヨブ記の
　　　　　　中のヨブのように「恐れていたことがやっ
　　　　　　てきた」という有名な言葉をあなたも発す
　　　　　　ることになるのです。

超意識……世界中の人々と繋がっている意識。何でも揃っ

ている図書館を内蔵しているような所。人間
コンピューターの奥にある神所。

自動習慣機能……自転車や車の運転を覚えたら自動的に
　　　　　　手足が動く。現在の体験を変えて新し
　　　　　　い生き方体験を習慣化するには大事な
　　　　　　機能です。滅亡的な考え方の習慣を健
　　　　　　康的な考えの習慣に変えるのです。
　　　　　　例えば、とり越し苦労、不安、恐れな
　　　　　　どの分かっているけれどやめられない
　　　　　　習慣、喫煙、チック，うつ病に効果が
　　　　　　あります。人間コンピューターの優秀
　　　　　　なる機能の一つです

精神処置機能……あなた自身の目的に合った行動をさせ
　　　　　　るため、意識的に精神を変える機能。

感謝……全ての状態をよりよくするための原動力。言葉
　　　　に出せば幸運の魔法の呪文。

　あなたはこの様な目で見えない精神的機能と言う財産
を数え切れないほど沢山持っています。それらの機能(財
産）はあなたを幸福にしようと、また満足の行く人生に
するために使って欲しいと待ち構えているのです。生涯
で体験したいもの、表現したいもののために使えるので
す。然しあなたはそれらをどれだけ使いこなしていられ

るでしょうか？　それともあなたは目で見えるものしか信じないタイプなのでしょうか？　私達の人生で最も大切なことは、この見えない世界にある機能は、見える世界と同じ現実であるとの認識です。

　生まれながらに持っているこれらの有能なる機能に光を当ててしっかり意識していきましょう。この見えないけれども確実にある機能または財産を、意識せずに、ご自分がどんどん不幸にするためにお使いではないでしょうか。あなたの選択次第で、天国から地獄まで取り揃えてあるのです。この世には苦しみや悲しみの部門ばかりが得意な人も大勢いらっしゃいます。幸福になるために積極的に使ってみましょう。そんなものないだろうと思っているあなた、駄目もとで実験してみましょう。一銭もかかりませんから。しっかりと学んでいきましょう。

Ｌｅｓｓｏｎ ３）心の法則

**　自然界は法則で成り立っていますが心にも法則があるのです。正しく勉強しましょう。**

　心の法則について認識していきましょう。心も法則にのっといてメカニカルに、確実に動いていきます。しっかり頭に叩き込んでおきましょう。

A）黄金律—あなたにされてよい事は、他にもそのごとくせよ。あなたがされて嫌だったことは決してしてはいけません。

B）愛の法則—我を愛する如くに隣人を愛せよ。まず自分自身を健全に愛し尊く思うこと。決して安売りをしてはいけません。あなたは驚くべき存在なのです（自分を愛せない人は他人を愛せない）。それから他の人に惜しみなく愛を降りかけましょう。私達は、根本的には何かを愛さずにはいられないのです。愛の泉は枯れる事はありません。動物にも、植物にも、あなたが作った料理にも愛の粉を降りかけましょう。出し惜しみしている事にきづかないということもあるのでは？

C）因果の法則—原因があって結果がある。思うことを

通して原因が発動され、行動しそれ相応の結果をもたらす。

D）信念の法則

ある事象、命題、言説などを適切なものとして、ないしは真実のものとして承認し、受容する心的態度。目標到達のための特定の行動選択を含む積極的な活動の可能性をもつ。（ブリタニカ国際百科事典より）

　信念とは確信であって、精神的な一つの認識です。信念とは五感が伝えるものが、物質界よりも高い所に昇らなければ得られないのです。信念は確かに否定的でも肯定的でもありえるのです。かつてキリストが言った「信念は山をも動かす」といわれる。信念は人が見る事も出来ません。五感が示すものだけに頼って推理する人、あるいは唯一の方法は、見、聞き、味わい、嗅ぎ，触れる事にあると信じる人は、外観にこだわった人です。人間それ自体、なにか見えないのです。生命も見えません。人の生命も物質ではありません。各自それぞれ真の精神的自己を振り返り、自分自身を発見し、自分自身の実態を知らなければなりません。自分自身と知り合わなければなりません。大自然の自覚ある者としての人間には、如何なる事態にあっても、何をなすべきかを選ぶ力があります。それゆえ五感を通して現れるような、外界のなにものかの征服下や支配下にはいないのです。自分たちが、見えない本質のものだということを、疑う人もあります。彼らは、見聞き、触れ、味わうことがでないかぎ

29

り何も信じないと言います。

　しかし、愛は誰でも触れることが出来なくても、実在する事を私達は知っています。私達は、他の人々に、自分の声帯を使って話します。我々の行動は自分自身を表現する手段または道具に過ぎないので、実はわれわれの魂が他の人に話し掛けているのです。

　私達が、色々な不幸の体験の中にいる、この問題を解決するには、生きた信念によるしかないのです。色々な不幸は体験には違いないのですが、実態ではないのです。

　生きると言うことの仕事に成功し、平和であるためには、今限界だと考えていた自分の力よりもいっそうおおきな力や知性の存在を知らねばなりません。大自然、神、仏、サムシンググレート呼び名は何でも構いません。ここでは大自然という呼び名にしています。

　苦難に対処して生き残るためには、私達は何か永遠なる物、永劫の感じを与えてくれるものが必要なのです。非物質的、計量など出来ないけれども、しかもそのものは実在であると言う事を私達は知らねばなりません。大自然が存在するのですから、私達は存在する。大自然が永遠で、限界無く、不死である事を知らねばなりません。私達は個人の形をした普遍の大自然です。

　鳥は、ある時大空を飛びたいと思ったのです。綺麗な服を着、素敵な声で歌いたいと思ったのです。花は美しく咲き誇りたいと望んだのです。ある動物は外敵から身を守るために、身の回りのある姿かたちに何時も変化できるように保護色になるように望んだのです。自然は永遠の昔から望むもの何でも可能にしてきたのです。

あなたもその自然の力が何時でも使えるのです。あなたの体験する可能性も無限にあるのです。私達は自然の誠実さ、完全無欠さ、自然の法則などに信念を置かねばなりません。あなたが必要としている才能や能力も体内にある事を知らねばなりません。

然し、私達は、物の内部にある原因の世界や思考と動機の世界に目をつける事を忘れがちです。そして自分自身の体の欲求（食欲や性欲その他）のみに専念し、環境や事態の外観に没頭し、目に見えない精神や魂の存在価値を過小評価しているのです。

信念を変えると体験する未来の世界が変わる。
あなたの信じるものを変えればあなたの体験する未来世界が変わります。

大自然の力は実在のものです。しかし、あなたはそれを見る事はできません。信念も見えません。しかし、大自然が信念を通じて行う事はあなたに見えます。

信念は精神の一つの在り方で、動機も見えません。非物質です。真の人間も見えません。あなたがその事が真実であると知るのなら、あなたは本当に破壊できない不死の者と悟るでしょう。あなたはもはや身体やお金、環境、身辺の諸諸の奴隷ではありません。あなたの腕力、威力のすべては、目に見えないものへのあなたの信念から来る物です。

強いと信じなさい、そうすれば、あなたは強いのです。疑いなさい、そうすれば、あなたは弱いのです。

私達が物質的水準よりも高い所、彼方にあるものに頼

31

り、且つ信念を置くのでない限り、我々の頼りになるものはほとんど無いと知るでしょう。

　信念を使うには、理性的基礎を信念の基において、それからそれを、真実として行動するのです。

　信念は理性を通じて変えたり、再思考したり出来、そしてその信念に従って大自然は反応します。希望や夢だけでは駄目なのです。そこに信念がなければ、絵に描いたもちになるのです。

　あなたの希望する所に、1つの信念があって、その要求に応答があると信じます。時と機会が与えられると、どんな要求も応答に到達すると信じるのです。

　信念はあなたを導き、導く場所には限界がありません。信念は精神の1つのありかたです。あなたの心では、**欲求—想像（OR感じ）—信念＝現実**となります。あなたは体験の中の中心です。1）あなたの欲求に刺激され2）想像力（OR感覚）によって立案され3）あなたの信念によって体験の世界に持ち込まれる。

　肯定的に信じるか否定的に信じるか。

　世の中のほとんどの人が、ポジチブシンキングが善いと考えていますが、なかなか自分の考え方を統御出来ないでいるのです。不安、恐怖、憎しみ、嫉妬、貪欲などと嵐のごとく自分の心を荒れ狂うに任せているのです。潜在意識はそれに応答し、そのような事があなたが信じるにしたがって、あなたの人生に展開していくのです。あなたが一体毎日、毎時間何を思い、何を信じて生きているかが最も重要になってくるのです。

あなたのこれまでの人生を変えたいのなら、今自分を大切にする考え方、自分で自分を愛する考え方に変えなさい。過去に捉れてはなりません。今の現実はあなたがかつて信じていた考えの結果なのですから。

ある男性が、数ヶ月の間仕事が見つからないと途方にくれていました。妻との間に３人の子供がありました。友人の紹介で私の所迄相談に来られました。電車賃にも事欠き、何時間もかけて自転車で来られたそうなのですが、来るまでに、車に追突されて死んでもいい、あとは保険金も少しは出るだろうと言うぐらいの気持ちでいたそうなのです。今までの人生も、派遣、派遣で、一度も満足する仕事ではなかったそうです。そこで私は「生きている以上、あなたのための仕事はある、この世には必要とされない人などいません。あなたを頼る家族がいるのだから、その人たちの必要性から、あなたの苦難はきっと解決される」と力強く彼に話しました。
「あなたが職を求めるのと同じように、あなたを求める会社は必ずあります」
　そうだろうかと彼は自信なさそうでしたが、**難題は解決されないだろうという確信から、解決されると言う確信へ積極的に転換することの大切さ**を話しました。
　そうです、良い仕事を見つける事が出来ないと彼は信じたのです。その信じたことが当たっているか否かは別として、そう信じた事だけで既に、良い職を見つけるのを妨げる強い力が働くということは疑えません。この人は、職がなければ、家族を養うお金がないのを承知しな

がら、しかも職を持つ希望を持つ事を恐れています。すなわち、職がないと信じているのです。彼が求め、またどうしても手に要れなければならないものを得られないと信じているのです。否定的なことに信念をおいているのです。自分の力のなさ、不完全さに信念をおいているのです。しかし、彼は必ずしもみじめな人生の脱落者ではない事を話し分かってもらい、自分の信じるにしたがって大自然は反応してくると話しました。また大自然の彼自身についての信じ方や恐れが前途を邪魔しているのだとも話しました。

　彼自身の真価を知り、またそれにしたがって行動すれば、大自然の偉力はもはや彼の要求に逆らっては働きません。彼自らの真理を知ってくると、彼の信念は否定的なものから肯定的に変わりました。彼自らの信念が変わるにしたがって体験の世界も確実に変わります。彼は今まで以上に信念を持つ必要がないのです。彼がもつ信念の方向を転換させればいいのです。

　彼にとって苦しく辛い考え方から幸福で満足する考え方へと転換すればよいのです。

　その後の彼はどうなったか皆さんわかりますか、嬉しいメールが届きました。「こんなにやりがいのある仕事につけるなんて思いませんでした。信念を変えただけで未来がこんなに変わるとは、先生ありがとうございました」

信念の基本

1)　大自然のカ一誠実さ、信頼性、完全さ、善良な愛に積極的な信念を置くことです。知性ある大自然が目的をもってこの世に送り出したのですから大自然はあなたに関心を持ち、あなたに必要なもの全てをもってあなたを包んでいるのです。私達は大自然の子供。指を包丁で切ったとします。しかしそれは何日かすると完全に治ります。大根やニンジン、その他野菜の種をまきます。すると何カ月すると野菜が出来ます。あなたは，植えただけ、あとは大自然がしてくれます。空気や水も電気も大自然が下さいます。

2)　あなたは偉大な人間だということに信念を置くことです。大自然が人間として個性化し、人格化したのだから、人間と言う偉大なものが出来上がったと認めなければなりません。大自然の化身ですから、あらゆる能力，資質を自由に使えるのです。他の人も根底には同じ能力を持つと信じられるのです。

3)　あなたは大自然の法則に積極的な信念を置くべきです。近代の科学が私達に、この宇宙で法則の行われない所は一つもない事を示して

います。
大自然の法則はあなたに役立つように使え、あなたの運命を方向づけ、統御できるのです。あなた自ら新たな原因を作り、新しい善なる考え方を取り入れ、新しい体験を経験する事が出来るのです。

4)　　あなたの魂の不死に信念を置くことです。
あなたは永遠なる者です。また大自然にとって大切な人です。大自然が与えた無限の威力があなたは使えその力が応援してくれるのです。

E）感謝の法則

人生に失望していたり、最悪の状態から抜け出したいと思っていたり、自分の心をかき乱す人の周りにいたりするならば、自分の身の周りの良い物、また人の良いところを見つけ、人、物、大自然に感謝する。するとすばやく、あたりの空気が爽やかに変わり、毎日全てに感謝をささげれば、今以上の楽しい日々を過ごしている事に気がつくでしょう。感謝は、大自然に向かって、輝く素晴らしい門戸を開けあなたの人生に喜びと豊かさ、満足をもたらします。
自分の体に感謝をすれば、体の中に感謝が響き、心と共鳴し、肉体は愛の輝きで癒されます。実際に肉体の細胞一つ一つが変化します。細胞は感謝が大好きです。

人に感謝すれば、心と心が共鳴し、相手も自分も大自然の幸運の扉が開くのです。良い物がどんどん流れてきます。

自分の仕事に感謝すれば、どんどん良い仕事になっていく。

何でも感謝することで、どんどん良くなっている。良い人が現れ、良い仕事が良いチャンスが現れ、奇跡がきます。

また毎朝目を覚ましたとき、自分、自分の体、家族、今日会うだろう人々に、大自然に感謝を捧げれば、今までよりもっとすばらしい一日、一日を過ごせることに気づくでしょう。

感謝の目的は何でしょう。感謝にはより大事な理由があります。あなたにもっと多くの美しきものや善きものが流れでる扉が開かれ、大自然へ呼びかけてます。感謝は大きな喜びを戴ける自らのための最大の行為です。勿論感謝をした相手の為でもあるのです。ＷＩＮ／ＷＩＮの関係です。

立ちどまって、自分が持っている豊かさに対して、大自然に感謝するときいつでも、大自然はもっと多くあなたに与えます。感謝を表すときはいつでも、対象が人であれ、自分の体であれ、物であれ、チャンスであれ大自然から宇宙へと感謝が響き全てが浄化され、よりよい影響を自分自身にもたらします。

ここに心臓が悪く、いつも身体的に大変だった人がい

ました。医者からもあと何年もつかとも言われていました。そこで彼はある時から，毎日心臓に感謝したそうです、「僕はいつも君に感謝している、365日休まず僕のために働いてくれてありがとう」そうしたら心臓の機能が段々と良くなっていったそうです。

　またお水の本をかつて読んだことがあるのですが、お水のはいっいた容器2個用意し、一方では水に感謝をし、一方ではお水を呪ったそうです。そしてその二つの容器を凍らせたら感謝をした水はきれいな六角形の氷の結晶になり、呪った方は、結晶にならず変な形になりました。植物の実験をした人がいました。感謝し愛した花は生き生きし、呪った花は枯れてしまったそうです。

　感謝には、意識のある人や動物だけではなく、人間が食べる果物や野菜、調理された料理、植物、水さえも反応してしまうのです。人間の体の多くは水です、その水に感謝し、細胞の一つ一つに感謝しそしたら私達の体はいったいどのように変化していくでしょうか？　私達が食べた物は効率よく取り入れられ、体全体が以前より喜んで働いてくれるのではないでしょうか。感謝は大自然の全ての者、物が大好きな表現なのです。もちろんあなたも私も感謝されるのが大好きなのです。

感謝を如何に表現するか

　感謝の表現方法には、頭で考える、言葉に出して言う、書いて表す、といったようなさまざまな方法があります。考えを書き出し、それを口に出す過程は、ただ考えるより、

早く大自然の創造機能に到達します。なぜなら、話したり、書いたりする過程は、考える過程よりも感謝が発揮する効果が大きいのです。自分自身の中で感謝を表してもよいですし、その事はあなた自身をより良くさせますが、大自然と他に対してそれを口に出すと、いっそう強力なエネルギーになります。

　ある会社員が、ひどい上司のことで悩んで相談に来られました。

　一つのミスを犯しても皆の前で罵倒される。いつも人のいやがる仕事を選んでやらされる。彼のあら探しをしていやみを言われる。月曜日が恐怖になり、またミスを犯すのではないかと不安になり、会社に出勤しようとすると吐いたり、冷や汗が出たりしてしまうようになられたそうなのです。

　私は彼に「あなたがその経験をするということは、将来人の上に立つということです。どうすれば部下が自分の言うことを聞いてくれ、良く働いてくれるか、やる気にさせるにはどのようにしたらよいのか、反面教師として教えてくれているのです。その上司に向かって心が伴わなくていいから感謝していますと言うように」とアドバイスをしました。また「あなたの上司は、潜在的なあなたの能力を感じ取っているのです、自分にもっと自信を持ちましょう。」とも付け加えました。彼によって人生勉強させられたことは確かですから。とても言えないと言っていましたが。会社を辞める前にためしに彼は言ってみたそうなのです。ところがです、その上司の態度がガラッと変わったそうなのです。「今度一緒に飲みに行こ

う」今まで考えられない言葉だったそうです。その後全て悩みは無くなったそうです。

　先ず頭で思い、紙に書き、言葉に出して言う、この三拍子が大切です。

F) 勝手に思い込み法則
（自分が変われば世界が変わる法則）

自分の人生のハンドル、運命のハンドルは、自分が持っているのです。今現実が自分にとって快適な状態でなかったら、ハンドルをまわして快適になる方向にしてあげなさい。主導権はあなたが持っているのです。

親が変われば、主人が変われば、妻が変われば、子供たちが変われば、従業員が変われば、自分のかかわりのある人が自分をわかってくれたらと考えながら、何十年も暮らしている人もいるでしょう。そんなこと考えていたなら、100年たっても、いや生まれ変わっても、またおんなじ状態が続くのです。

自分の頭の上に、こうもだめ、ああもうだめと、沢山の黒雲を自ら作っているのです。

そのために、宇宙からの、有効な幸運の光を浴びず、良い考えが浮かばなくなっているのです。良いチャンスにも気付かないのです。

どんな状態でも、自分が苦しいとか満足な今ではないと思っている原因は、100％自分です。

それでは、どうしたら自分を変える事が出来るのでしょうか？　その変え方は簡単です。自分を大切に

　する考え方に変えるのです。

　現状（過去あなたが創造したもの）はどうあれ、全ての人（配偶者、家族、仕事仲間、友人）に、全ての物に、自分の体、（心臓、目、手、口、足、胃、肝臓、腎臓、その他）全ての仕事に対して感謝を口にします。私にとって最高に良い人々ですし、私を取り巻く環境すべてはベストの状態です。いつもありがとう。知らないところで害していたら、ごめんなさい、そして愛しています。それを1日何回も言葉にして言ってみることです。

　それを1カ月続けて、どうなるか実験してみましょう。

　それを3カ月続けたらどうなるか実験してみましょう。

　ひどい主人なのにどうして言えるのですか？　と言う人がいます。過去あなたが考え、思い、言ったことが今の現実を造り上げているのですから、相手の人のためではなく自分のために言うことになります。

　勝手に思い込み法則は現状を変えるとても大事な法則の一つです。

　あなたの周りがあなたにとって居心地の良いものでない場合、勝手にあなたの好きなように思い込みましょう。ほとんどの人は、この法則を知らずに、勝手に悪く未来を思い込んだり無茶苦茶に使って生きているのです。これからは、意識して正しく使って行きましょう。

　例えば：現状はどうあれ、私の主人、妻、子供、友人、仕事その他は、私にとって世界で最高です。それらのすべてに尊敬され、愛され、大切にされ、重要だと思われています。と勝手に思うのです。何ヶ月か経つと結果が現れます。心から思わなくていいのです。

家庭・・・・・私の主人（妻）は世界一です。私を大変
　　　　　　大事にしてくれ、愛してくれます。私は
　　　　　　愛ある家族に恵まれ幸福です。

結果・・・・・A主人（妻）が思った通りに変化する。
　　　　　　B離婚して大事にしてくれる人と結婚す
　　　　　　る。

　AかBどちらかの結果が出ます。

仕事・・・・・私は自分の仕事に満足です。仕事の仲間
　　　　　　もよく協力してくれます。生きがいのあ
　　　　　　る仕事をして幸福です。

結果・・・・・A満足する仕事に配置換えになる。
　　　　　　B辞めて自分にとって良い仕事ができる。

　自分の思い方次第で、反応次第で、物事が変わるのです。

　会社・家庭もそれ自体1つの生きた人間と同じ生命で
す。会社自身どうすれば利益が上がるか知っているので
す。家庭もどうすれば幸福になるか知っているのです。
会社・家庭に対して、今まで意識しないでごめんなさい、
感謝をしています、愛しています、大切にしていますと
勝手に素晴らしいと思い、生命として意識を向けましょ
う。

そうすると会社・家庭自ら動き出すのです。会社・家庭が目覚めるのです。

全ての事象は、自分がどう思うか、どう反応するかということです。果実農家のある農園主が、果実の木に対して、1本、1本名前を付けて愛し、感謝し、大切にし、至らないところをわびながら栽培していたら、果実の出来栄えがその辺の農場では1番になったという話を聞いたことがあるでしょう。人も、植物も動物も、会社も、家も、土地も、水も森羅万象全てに言える事です。なんでも、自分が楽しく、幸福な考え方に勝手に思うことなのです。と言うことは自分自身を大切にしている事なのです。人もよく思う事が大切なのです。ほとんどの人は、自分を大切にせず、いやなことばかり思い浮かべ、口に出して他の人に愚痴を言っているのです。また人の悪いところを探すのが上手な人もいます。結果辛い未来を想像し自分を自分で毎日いためつけているのです。そのことに気づきもしないのです。続く未来も辛いのです。毎日未来を創造していることを知らないのです。自分の主人、妻、子供、会社、家庭、土地、作物は世界1です。それら全て、私は愛し、感謝をしています。もちろん私も、最高に愛され、尊敬されています。

それら全ては、私のためにベストの状態になるように、日夜努力をしてくれています。ですからますます感謝し、愛しています。と勝手に思うことによって、自分を自分で、うれしくさせ、自分を大切にする考え方に導いていくのです。

自分を害してくれた人、陥れてくれた人、自分の財産

と取ってくれた人に感謝、心からではなくていいのです。但し、人生の勉強をさせてくれたのは事実ですから。それはまた、あなたの中にもあるのです。投影されて勉強させられるのです。

　私が昔感動した聖書のヨブ記。うろ覚えですが、昔、裕福な商人のヨブと言う人がいました。財産も結構持っていましたが、高慢で、人をさげすみ、家族や使用人にも優しくありませんでした。それにいつも心の中は不安でいっぱいでした。いつも彼は財産も家族も友人も<u>全て失う事を勝手に想像をしていたのです。</u>そんなある日、友人と思っていた人に騙され仕事にも失敗し、家も財産も家族もみんな無くしました。それからの彼は、荒れ放題。彼を陥れた友人も恨み、自分を見捨てた家族を恨み、すべての人を恨みながら暮らしてました。「私が恐れていたことが降りかかってきた」有名な言葉を吐いたのでした。しかし何年たっても不満足の日々、ひどい貧乏暮らしは変わりませんでした。誰からも相手にされませんでした。彼はふと思いました。自分のいままでの過去何年を振り返り、これからも同じ考え方だと、未来の何年も同じ暮らしになると！これではだめだと頭のいい彼は考えました。そこで、彼は、正反対の考え方にしたのです。自分を陥れてくれた人に感謝したのです。沢山人間勉強させてくれたから。見捨ててくれた家族に感謝したのです。人への思いやりを勉強させてもらえたからです。全てに感謝をし、不安や恐れなしに<u>より良い未来を勝手に想像したのでした。</u>彼はその後、以前よりずっと多くの財産を持ち、以前より素晴らしい家族にも恵まれました。

H）ブーメランの法則

　自分から出て行ったものは全て、自分に返る。良い事は倍返しで返り、人にした悪い事はやがて（7倍になってまたは7代にわたって）返ってくるのです。あなたが他人に財産を奪われたり、悪い噂を悪意を持って流されたり、いろいろないやな目に遭おうとも、やがてその人に、何倍にもなって帰ってくるのです。子供や孫にまで及ぶことがある（7代祟ることがある）。どんなことをされても、あなたは、だからよかったに変えなさい。そうすれば世界が変わるのです。また人に良くした事は、あなたに返るか、子孫に返ってくるのです。善き財産として代々帰ってくるのです。勿論倍返しどころか7倍です。いろんな人に助けられたり、その飛行機に、船に乗らなかったために、命が助かったり……ということがあるでしょう。

　あなたは、人にしてあげる事だけを考えて生きなさい。本当にその人のためになるとはどんなことかを考えて行動しなさい。人の幸福のために自分に何が出来るのか、人の成功のために、自分がどんな貢献が出来るのか、どのくらい人が良いものが貯めるため（名誉、お金、力、その他）自分がお手伝いできるのかを考えなさい。そのように生きれば、人の良い事のために生きれば、自然と、あなたに何の苦労なしに、善きものが蓄積されていく。そう倍々ゲームになっていくのです。この世は、真空ではないので、自から善きものが出れば、善きものが他から入っ

てき、自分から悪きものが出ていけば、悪きものが入ってくるのです。これも大自然の法則の1つです。人にいじわるやいじめをしたなら形は変化してもあなたに確実に帰ってきます。学校でのいじめ、会社でのいじめ、地域社会でのいじめ、親戚間のいじめ、色々あると思いますが、必ずあなたに宇宙的な正確さで、襲いかかるのです。天知る地知る我知る、誰も判らないだろうと思ってした人に対する悪心から来るひどい行為でも，神も自分も知っているのです。

I）ありのままを受け入れる法則
　あなたの世界を善きものに変えたいと思うなら、その物、その状態、その人を受け入れなさい。戦っても、逃げてもいけません。

　ありのままの存在を受け入れるのです。嫌いな人、病気、現状の困難その他。抵抗すれば相手はますます強くなるのです、そのままにしておけば、相手は消えるのです。あなたはありのままを見る。存在するものは常に変化する。その状態を変えたいのなら、それを受け入れなさい、抵抗したり、戦ってはいけません。また否定してもいけません。それらの行為は、この世に、また新たに、その相手を再創造することになるのです。いやな状態をそこにそのまま据え付けておく事になるのです。受け入れれば、あなたは相手をコントロールできる。否定したものはコントロールできない。否定した相手に、常にコントロールされるのです。一生涯このことを知らず苦しんでいる人は多いのです。これも大自然の大切な法則の1つ

です。先ず受け入れ、どうしてこの状態になったのか、原因は何か、何を勉強させて下さるのかを考えるのです。それが分かれば現実は変わるのです。いい例がテロとの戦いです、聖戦の様に言っていますが、どんどんエスカレートしているのが現実です。力で解決はできないのです。先ず受け入れ、原因の世界で解決方法を考えるべきでしょう。

J）精神の普遍の法則

ここで何回もこの本で訴えている大切なあなたへの確認。

皆さんは、あなた方自身の力を知らず、心くじけます。この世は、そういった弱く勇気を失った人で、満ち溢れています。自らを理解しないためです。あなた方の中にある、神聖なる威力に気が付いていないからです。その威力を使わず、あなた方の心の平和、幸福を間違ったところに、捜し求めているのです。自分自身の生命の尊厳や人格の重要さを知らないのです。

自分の考えを統御できないのです。自分の感情をコントロールできないのです。

恐怖、嫉妬、憎しみ、嫉妬、貪欲と荒れ狂うに任せているのです。

あなたは感情の奴隷になっているのです。ここで静かに考えて下さい！

あなたはこれからの人生、このままでいいのでしょ

うか？

あなたは心の小さい人ではありません。あなたが使う精神は、創造する無限の精神で、万物を実在に持ってきたのです。ほとんどの人は、己を理解できず、弱さ、恐れ、憂いを感じるのです。大自然の限界なき威力があなた方のものであると理解出来ないからです。

苦難に対処して生き残るためには、私達には何らかの永久的なものが必要なのです。「私達は個人の形をした普遍の大生命力だ」とエマソンは言いました。私達は、感情の奴隷ではないのです、それを統御できる自分があることを知らねばなりません。

また私達は、肉体の奴隷でもありません。肉体の要求も正しく統御できるいと高き所に自分はあるのです。

間近の環境や事態、外観に没頭し目に見えない、真実の自分自身を過小評価してはいませんか。

私達は、お金の奴隷でもありません。お金もうまくコントロールする術をいま学びましょう。

心配や否定的な考えはあなたの精神の１つの在り方です。あなたは、今苦痛の処理に当たることが大切です。<u>それを将来の何時かに引き延ばすより、今解決するほうがよいのです。</u>

心配や恐怖、否定的な信念は、人類最大の呪いです。

Lesson4）如何に苦難を解決するか

　わくわくする冒険旅行では、苦難はある意味ゲームとして考えます。客観視が大事だからです。この宇宙船地球号の乗組員は、自分自身を精神的に高めるために生まれる前にある程度の苦難を自分の中にインプットして生まれてくるのです。苦労のない人は誰もいないのです。苦難は、人生の最大のイベントといっても過言ではありません。どのように考え、どのように解決していくか、諦めたらおわりです。難易度が高ければ高いほど、どの方法手段を使って攻略していくか、あなたの感性と手腕がものを言います。生まれながらに、あなたは知ってか知らずかこの人生のゲームにメンバーとして加わったのです。人生で何回難題をクリアーするかはあなた次第です。難題に挑戦し解決して行く過程で、あなたの魂は、なまくらな刀から切れ味鋭き素晴らしい刀へと磨き上げられていくのです。そして、自分自身を素晴らしいと思える達成感。どうですかわくわくするでしょう。

　結果は、問題自体は存在しても気にならなくなるか本当に事態が変わるか、のどちらかになります。

　この地球に生まれたからには、何らかの苦難を体験するようになっています。避けて通れる道はないのです。しかし自分の心の中の精神力＋大自然の力（神の力）で解決できない物はありません。私達は、先天運の中に、もう既に苦労するようにインプットされているのです。

この地球に生まれると言う事は、お金で苦労するのか、病気で苦労するのか、配偶者で苦労するのか、子供で苦労するのか、舅、姑で苦労するのか、仕事で苦労するのかさまざまですが、苦労のない人はいません。色々修業するために生まれてきたのです。勿論自分の成長のためと、本当の幸福を得るためです。

　そうです、苦労する事は決して悪い事ではないのです。大事な勉強です。人間は困難にぶち当たった時、眠っていた魂が目覚め、本気で人生と立ち向かう、ある意味人生最大のイベント。人生の輝かしい時期です。そのために生まれたと言っても過言ではありません。

　自分が納得いく人生を生きたいなら！
　目の前に立ちはだかる困難を勝利へと変わるようにあなたが導きなさい。そのためにまず逃げ道を自ら断らねばなりません。あなたの人生は今までとまったく違った状態になり、自分の人生のすべてを賭けた時、勝利に必要な大切な勇気と覚悟が得られるはずです。この行為は、どれだけ多くの先人達を、輝かしい未来へと導いたことでしょう。

　つぎに、不安、取り越し苦労、失望、人ばかり良く見える病、これらの地獄にはまってはいけません。
　何にもない人生なんてない、絶体絶命のピンチでも、必ず、抜け道はある。

あなたの体験が良い事ばかり、愉しい事ばかりでは、本当の幸福も判らなければ、**他の人の苦しみも判りません。考え方を変えれば、人間は苦労することによって、人の話を聞くようになったり、勉強したり、相手の立場に立ってものを考える事が出来る様になるのです。そして深みのある、愛情あふれた素晴らしい人間になって行くのです。愛～憎しみ、健康～病気、お金持ち～貧乏、幸運～不運、成功～失敗、プラス～マイナス、陰～陽、善～悪、日向～日蔭、静寂～嵐と言うように人生は常に二面性があります。相対的体験の中で試行錯誤して難題に当たり人間性が磨かれるのです。人生の荒波を超えてはじめて、平穏な日々の幸せに感謝できるのです。**

苦難をどう変化させるか、問題解決法

どんなに苦しい苦難でも必ず解決できるのです。自分コンピューターを設定しているのは自分だからです。

多くの人はただ、苦難の症状を取り除こうと焦るのですが、然しそれは苦難の核心に触れるものではありません。不幸な状態の根本原因を変えなければ駄目です。根本原因さえ変化すれば、効果は自動的に現れるのです。人が喜びを見出せば、もはや苦しみを除く必要はありません。

また、苦労したおかげで何を学んだか。この世は、学びの人生でもあるのです。

企業内での問題解決法は大学（経営学）でもよく学ばされるのですが、人生での問題解決法は、生きていくう

えでとても大切な分野だと私は考えています。問題解決のおおきな柱は2本です。苦難の原因とそれによって何を学ぶか。原因を探す、フィッシュボーン（1956年化学工学者石川馨が考案。問題解決を視覚的に行う手法）などの活用もよいでしょう。

　大自然が提供する良いもの、快楽、幸福をもたらすものは、各自の手の届く所にあるのです。必要なことさえすれば－正しく思い、正しく行動さえすれば－持つ資格のある大自然のもたらす良いものを持てるのです。

フィッシュボーン・・・・問題解決法

御自分の問題の原因を考えて思いつくまま書いてみる
そのあといくつかに絞られる。

例えばどうしてお金がないのか？　入ってもすぐ出ていく。
どんな問題にも使える。

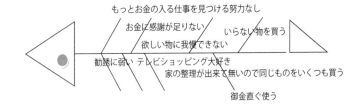

もっとお金の入る仕事を見つける努力なし
お金に感謝が足りない
いらない物を買う
欲しい物に我慢できない
勧誘に弱い　テレビショッピング大好き
家の整理が出来て無いので同じものをいくつも買う
御金直ぐ使う

絞った結果
1．もっと効果的なお金の入る努力が足りない。
2．テレビショッピングなどの勧誘に弱い。
3．家の整理整頓が出来てなく同じものをいくつも買ってしまう。
4．必要な物と無駄な物とも区別が出来ていない。
5．今必要ない物。あれば未来御役に立つと思って買ってしまう。しかし未来もいらない。

唯一の難題はあなた

　幸福に生きることの唯一の難題はあなた自身なのです。自分の苦難は他の人のせいだとか、取り巻く環境が悪いだとかよく言います。勿論其れは本当ではありません。難題は他の人々をどう扱うか、どう彼らと歩調を合わせるか、つまり彼らに向うあなたの態度や、その時の事態にあなたがいかに対応するかなのです。謙虚に反省することも大事です。

　自分自身知らないうちに、苦難大好き人間になっているかもしれません。苦難を引きよせるのが上手なことに気が付いていないのかもしれません。

あらゆる事態には好機の種があります

　色々な物事は、ただ偶然に起こったりするものなのでしょうか？　それとも、あらゆる体験の背景には何か本当に原因というものがあるのでしょうか？　人間が遭遇する色々な出来事には、何か確かな理由があるのでしょうか？

　大自然の中の出来事は全て法則に支配されて居ると言う事を理解できれば、その時こそ、あらゆる体験からよい事を取り出せますし、一見して悪い事と思える体験から私達にとって善い事を引きだ出す方法を見つけ出すのです。

　何か良いことがありそうに思えたけれど、希望したり

期待したりした結果は遂にこなかったと言う時に、私達はいつも失望します。私の所にいらっしゃった相談者K君もその中の一人でした。自分なりに長年研究した成果が社長にも認められ、プレゼンもうまくいった。新しい製品として世に出せると確信したがなぜかボツになってしまった。その上なぜか給料も下がった。「こんな会社辞めてやる」と言われていました。そう、どこかに到達しようと努力した、よくやったと思ったら、元居た場所と同じかもっと悪くなったと言うような時もあります。全て放り投げたくなる時もあります。

　その時その事態を、どうやって最善のものにするか、そのなかから善いものを取り出すかは、あなた次第なのです。そのことが出来るか否か人生が大きく変わるのです。
　普通の人は「そんなもの、出来るわけないだろう。酒をたらふく飲んで寝るだけさ！」といいます。それは多くの人の考えや行動かもしれません。これでは一向に運は上がりません。しかしこの本を読まれている読者は勿論異なった行動をする事になるのです。

　あらゆる事態に、好機の種が入っているのです。多くの人々は、大変効率の悪い生活をしているのです。大自然は私達の歩いている道にいつも良い物を置いているのですが、チャンスに盲目の私達には、何も見えないのです。
　いたる所に、人々の集まる所でも、驚くばかりのチャンスが隠れているのにそのよいものを取り出す人は、あ

まりにも少ないのです。毎日山の様なチャンスに囲まれているのだから、その中からあなたにとって最大のものを選び出し、且つそのよいものを求めるべきです。

世界の財貨を集める事に成功したG・ハーマンの言葉「精神力その偉大な力」より

「あらゆる事態は、如何に其れが悪く思えようとも、もしそれがよいものだと信じると、私にとりよいものだという事を知った」時々、まったく間違って行動したと思えるとき、また自分自身が恐るべき過ちを犯したように思えるとき、その事態を眺めてこう考えてみましょう。「そうだ、私はこの中によき物を見ないのかもしれないが、それはそこにあるのだ。もし正直で愛のこもった注意をこれに与えれば、よいことがそこから出てくるのを知った。この態度を持ってすると、祝福とならないものは無い」

　　地獄から天国へと変わるのです。
　「あらゆる逆境には、好機の種を持つ」と先人は言います。

　　あなたの過去の傷や損失を癒したり、その中から良い物を探したりするために最もよい方法の1つはそのような体験の結果として生涯起こった善いものの表を作る事です。

起こったこと、傷や損失　例	対処	結果得たもの
5歳　伝染病で死にかけた	強く心で叫んだ「生きる、生きる」	心のには何か強い力があるかも。
10歳　原因不明の腎臓からの出血	薬を飲んで寝ていた。	健康は大事。
12歳　母親の心臓手術	手術成功を祈った。	祈りはなぜだかわからないが大切と思った。
18歳　失恋	泣いた	人口の半分は異性だ。自分にとって本当の相手ではなかったのだ。恋愛は人間性を成長させる。相手の立場やその人のために何が出来るかなど、考えたりできた。
23歳　結婚後流産	泣いた	優しい看護師さんに出会う。手を握って慰めてくれた。人は落ち込んでいる時こんなに優しくされ嬉しかった。今でも忘れない。

　子供の時から、ほとんど盲目でであったパーマー夫人は、気難しく怒りっぽい人でした。社会的劣等感や肉体的障害もありました。目が見えない事への不満だらけでした。あるとき、カウンセラーから目が見えないせいで何かよいことがあったら書き上げるように言われました。彼女は時間をかけゆっくりと考えそれを実行しました。まず深く愛するいい夫に出会ったこと。そのほか彼女が目が見えない事で縁にふれた人の多くは彼女に親切でした。思い出せば、良い事がたくさんありました。そのような良かった事に心を向けると、彼女の怒りは除かれていきました。今度は彼女は目を祝福しはじめました。身体はゆったりとくつろぎました。人柄が非常に変わりま

した。しかもはなはだしく変わったことに、彼女の目が見えるようになったのです。まさに奇跡です。苦難を超越したのです。それまで悪だった物が、大きな善に変わったのです。幸福か、不幸かは私達の前に立ちはだかっている体験にどう反応するかです。

　　　　　　　　　　　　　「精神力その偉大な力」より

「だからよかったと思った瞬間に全てが私に有利に、良い状態に変わったのです」私の一押しです。

　先ほどの相談者K君にもこの中から良い物を探すように申しました。本当は探したくないといった顔つきでしたが、彼は静かに考え探し始めました。その後、彼は、何か新しいアイデアが出るといつも上司に横取りされ、持っていかれ、常に不利な状態に置かれ、会社の人間が全て自分にとって悪い行動をすると思いこんでいた自分に気がついたそうです。実際その様な事が何回かあったそうです。私と話していて、その考えが不満だらけの未来を作り上げていると彼は悟りました。そこで、どんな状態でも、彼を取り巻く上司だろうが部下だろうがみんなで彼を応援してくれ、仕事をより良く、しやすく手伝ってくれると考えを改めました。周りにいる人はみんな良い人と思うことにしたのです。そうです、その時から彼の未来は激変していったのです。今年の暮れか来年の初め彼のアイデア満載の作品が世に出るそうです。それがうまくいけば、もちろん給料も上がるそうです。

どんなに嫌な事があっても一回落ち込み、次に探そう宝探し。宝もの探しか、さもなくばだからよかったの宝に変えましょう。それができたら人生ゲームのゲーマーとしての腕がワンランクUPして来た証拠です。今よりレベルの上がった生活が待っているのです。

　もし私達が、あらゆる出会い、あらゆる出来事、あらゆる機会に際して、良い評価を与え、私達のためにある、良いものを発見できたならば、なんと素晴らしいことでしょう。

　この宇宙は法則によって運行され、個人的な雑多の出来事も正確な法則で成り立っているのです。あらゆる存在の背後には思考する意識があると広く世界的に認められているのです。私達のために心が配られ、何でも使えるように与えられ、如何なる人との出会いも全て成長のため、理解と体験のために私達のところに来るのです。無知な私達は、道で出会うあらゆる人、もの、事態の中に良き物が含んでいるのに気つかないのです。
　気付かないだけならいいのですが、その事態を悪い事と判断していく時も多々あります。そうすると、あなたの思った通りに悪く事態が成長していくのです。ここはとても重要です。

果たすべき運命

私の考えとして、私達は生まれる前に自分コンピューターにインプットした果たすべき運命をもっているというものがあります。仮にあるいやな体験をしなければならない時、そこから逃げたり、逃避したりした時、同種の物が、クリアーするまで、何回も何回も私達の前に現れ、ハードルは高くなります。遂に逃げる事もできなくなり直面せざるをえなくなると言う体験を皆持っているのではないでしょうか。それに対処する時、教訓を学び取り、常に新しいもの、よりよいものへと私達は進んでいくのです。

自然界は好機を沢山提供してくれています。1つのチャンスに私達が気づかなければ、何回でもそれを受け取るまで、受け入れる事を学ぶまでよきものを提供し続けるのです

あらゆる出会いや事態から私達はどうすれば最大の価値在あるものを入手できるでしょうか？　それには二つの事を銘記すべきです。

1　　現実を受け入れる

2　　どんな事態でも感謝し、よい事だと思い信じる

結果　世界はあなたのためにある

Ｌｅｓｓｏｎ 5)
お金の安定を考察していきましょう

　お金が十分にあれば苦難の 80％は解決できる。自由に好きなように生きられる。病気をしてもより良い治療が受けられたりもする。しかし、お金とは一生涯、あなたを今以上愛してくれるようにもならないし、お金から逃げ出す事も、離婚する事もできない。そこでお金と良い関係を築いていくことが大切。大自然はあなたに必要なだけお金は用意しているのですのですがどう取り扱うかが問題になってきます。お金で人生を幸福に生きている人もいますが、お金のために人生を破滅させられた人もいます。

　子供のころから、無意識のうちに親からお金の教育をどの様にされてきたのかがとても重要になってきます。お金が足りない事で喧嘩をしている夫婦の中で育ち、お金は愛する人を苦しめてもいいほどの強力なパワーがあると思えば、喧嘩の原因しか見ない。そしてお金さえあれば幸福になれると思ってしまう。無意識のうちにお金に対してネガティブな意味付けを大人になるまでにしてしまう大多数の人がいるのです。お金のパワーに圧倒され、恐怖さえ心の奥底に持ってしまうのです。

　また仮に沢山お金を儲けたとします。そのお金を出さずに溜めこんでいたとします。お金は水と同じ性質があり、流れないとお金は腐ってしまうのです。どういうことが起きるかと言いますと、家族に病人が出たり、事故が起きたり、またそれが自分に降りかかったりします。自分に必要ない余ったお金は、流してあげるのです。寄付したりするのが必要です。しかしまずは感謝してお金を受け取る習慣を付けましょう。潜在意識に、言いましょう、私は裕福だ、常に必要なお金は、入ってくるし、人のためになる仕事を楽しくしている私にお金の苦労はない。「神様ありがとう」

　貧乏思考と金持ち思考
　世界の財産をある一部の人たちが独占しています。と言う事はほとんどの人は普通に生活できる思考の人と貧乏思考だと言えます。貧乏思考と本当の意味でのお金持ちの思考の差を考察していきましょう。

　お金持ちは、自分よりお金持ちを尊敬している。
　貧乏人は、お金持ちを心のどこかで馬鹿にしている。

　お金持ちは、浪費すべきところ、節約すべきところを心得ている。
　必要なものと、**不必要なもの**を理解している
　貧乏人は浪費すべきところで節約し、無駄なものにお金を遣う。
　金持ちは貧乏人より勤勉に働く。

貧乏人は良く働きもせず、文句を言う。

お金持ちは途中で壁にぶち当たっても、成功するまで挑み続ける。
貧乏人はすぐ諦めてしまう。あるいは全然挑戦などしない。

お金持ちは、お金に感謝の気持ちを持っている。
貧乏人は、夫婦げんかの材料か、いつも足りないとお金に文句を言っている。

お金持ちは、いつも人のためになる仕事や人の幸福になる事を考えている。
貧乏人は今のままでも、それなりに幸福だと思いこもうとしている。

お金の最低限のルール

＊真面目に働く―人を喜ばせた分だけお金が入ってくる。

＊賢く使う―金運には波がある。満ち潮、引き潮。大きく入ってくると金銭感覚がマヒして、入って来たお金以上の買い物をしてしまうし、借金までしてしまう人もいる。お金の取り扱いは入ってきたときほど注意が必要。生きたお金を遣う。お金を何かと交換する時は必ず、評価より高いかどうか考え、評価より安かった

ら購入する。一方、お金をごみと交換し続けると人生の終わりには、何にも残っていない。

＊必要なものと欲しいものは違う―世の中にはものを買うことへの誘惑が山ほどある。街に出ればほしい物が並び、家にいればテレビショッピングの嵐。お金に縁のある人は縁のない人と少しだけ違いがある。貧乏人は衝動買いが得意だし、いらないがらくたやごみを溜めこんで持っている。整理が悪く同じものをいくつも買ってしまう。
　金持ちは、必要のあるものと欲しいものを知って分けて考えている。家の中は整理整頓されていて何が必要かすぐわかるようになっている。

＊がっちりお金を守る
　お金を大きく稼いだりすると、税務署、友人、詐欺師、泥棒に狙われる。ここで大きく躓かない。

＊投資する
　投資の道なくしては金持ちになれない。

＊分かち合う
　自分ができる寄付をする。お金持ちになる前から、奉仕や寄付をする。
　（ユダヤ人大富豪の教えから参照）
　先ず貴方から良きものを渡す
　友人、仕事上の人々などの出合いも一つ一つ良いもの

を先ずあなたから、もたらすようにしてみましょう。また私達が受け入れるならば、毎日あらゆる所で行き会う人々は何か良いものを持っています。そして、私達もあらゆる人に、手渡す事のできる何か良いものを持っているのです。あらゆる人、あらゆる事態はチャンスです。私達が、道端で出会う見知らぬ人々は、なにかの理由があって出会うのです。

　その方々はおそらく意識もせず、理解もしないでしょう。私達はなぜチャンスが与えられるのか理解できないのです。

　1）与える事に努めなさい。2）受けることを期待しなさい。この順番が大切。天国村と、不幸村の違いは、不幸村は貰うことばかり考えている。天国村は他の人にとって何が必要か何を与えるべきか考えている。まず人に与える事が必要と考えている。

　私はいつも富に感謝しています。最大の良い事ができるよう、私は使う。利己的ではなく、いっそうの人助けと奉仕の為に使う。なんでも私がすることは栄える。

お金の法則

＊愛の法則―自分がお金を心から愛するのです。意識が
　なくてもこの世のものは全て愛に反応します。

＊勝手に思い込み法則―勝手に自分はお金に恵まれてる
　と思う。「どんどんお金が入ってくる。私はお金に好
　かれている」と思う。
声に出して人のいないところで言う。寝る前に 10 回言っ
　て寝る。

＊感謝の法則―今持っているお金に感謝をし、未来に入
　るだろうお金にも感謝。感謝は倍々ゲームの動きがあ
　る。

＊信念の法則―どんどんお金が入ってくる、お金に恵ま
　れていると確信を持って入ってくるまで信じて諦めな
　い。

Ｌｅｓｓｏｎ 6）肉体的苦悩

どの様に病気が治るか？

　いまだかつて患者を治した医者はいません。正直な自尊心ある医者は「私が病気を治した」などと言いません。この世界にはただ１つの治す力があるのみです。その力は、大自然、神、無限の知性―なんと呼ばれようともあなたの好みのままです。治療家がなしうる全ては、どんな方法を彼らが使おうと、大自然の流れを塞ぐ、障害物を取り除き、大自然を開放して前進させ、それに方向性をつけ、刺激を与えて行動に出させているだけです。

　大自然の威力だけが唯一の癒す力です。どんな宗教に属していようが無心論者だろうが、あなたの指の切り傷は大自然が治してくれます。大自然の内部の創造的威力を、キリストは「天に在る父」といい、心理学者は「潜在意識」と名づけました。それが治すのです。無限であって、知性があり、威力と意図もつ大自然の力は万人と万物の本質であり、意識して使うと直ちに応答してくれるのです。

　大自然の力はあなたの起源であり、あなたに関心があり、何かの目的のためにあなたをこの地球に連れてきたのです。ですからあなたを助け、あなたの要求に応答しあなたのためにできないことは何もないのです。この無限なる内に潜在する知性の威力を認めて働かせ、あなた

の自覚による採択と、自覚による要求に応答します。自
分自身の良きことのために、大自然の無限の威力の中か
ら何かを選び、決定し方向づけるのです。

　性格が病気を作りやすい昔の日本人の考え方（100％で
はないけれど参考に）

1)　　胃に関しての病気に罹りやすい・・・食べ物に感謝
　　　　　　　　　　　　　　　　　　　　　　が足りない。

2)　　腎臓・・・物事にこだわりすぎ。
3)　　肺・・・物事を悲観的にとらえすぎ。
4)　　癌・・・まじめで頑張りすぎる人。
5)　　腰痛・・・目下に腹を立てている人。
6)　　肩こり・・・身内の事で腹を立てているか心配な
　　　事がある。
7)　　食道・・・食べ物に感謝しない人。
8)　　小児喘息・・・親かその親（お爺さんかお婆さん）
　　　　　　　　　　　　　人の事を息もつけないくらいどな
　　　　　　　　　　　　　りつけたことがある。
9)　　アトピー・・・誰かをとても嫌っている。
　　　　　　　　　　（親か本人）
10)　リュウマチ・・・誰かをとても恨んでいるか恨ま
　　　　　　　　　　　　れている。

11) 糖尿・・・配偶者を立てない。上司を立てない。
　　　　　大切に思わない。
12) 首こり・・・人間関係悩んでいる。死人の霊。
13) 足の関節・・・浮かばれない霊。供養してない先
　　　　　祖がいる。
14) 不登校、引きこもり・・・墓参りに行かない。親、
　　　　　先祖を大切に思ってい
　　　　　ない。
15) 痔・・・落ち付かない人。せっかちな人。

心理学者・フリードマンとローゼンマンの
タイプ別病気

タイプＡ・・・自らストレスの多い生活を選び、ストレスに対する自覚が無いまま生活する傾向。攻撃的、機敏、時間に追われ、せっかち。多くの仕事を同時にこなすことが出来る。その為脈拍が上がりやすく，高脂血症、高血圧、心臓病や循環器系の病になりやすい。

タイプＢ・・・あくせくせずマイペース、目立つことなくのんびりしている。非攻撃的、円満タイプ。しかし実際には出世しやすい。

タイプＣ・・・いつもいい子を演じ、周囲に気を遣いすぎ。まじめで几帳面で我慢強い。
怒りなど感情を抑え過ぎ、また押し殺す。
癌になりやすい。

身体を健康にする考え方

　私の心は絶えず奇跡を起こしている、知恵ある大自然の力は食物と酸素と水と日光を取り入れて、私のために完全なる体を建造する。古い細胞は常に新しくなり、毎日毎日、私の体は新しく生まれ変わっている。

69

過去の体験は今まったく関係ない。健康はまさに今私のもの。一息吸うごとに体中が、あらゆる器官、組織の悪いところを治し、輝く健康と活力をくれる。

　大いなる大自然の力が、肉体の障害を除き、完全なる健康の体験へ私を導く。完全なる健康を拒む私のあらゆる考えは、今まさに駆逐されつつある。

健康のための言葉

　私達はいつでも共通の願いを持っています。常に健康で、裕福で、希望実現のために生きたい。しかし多くの人は、残念ながらその様な状態にはなっていません。
　それではどの様にまず考えればいいのか。未来に対する心配や恐れを如何に無くすのか。
　心が平穏になれば自然に健康に恵まれる。どの様な言葉がよいのか。

　私達は、大自然の子。大自然が持っている力は自分たちの中にあり。大自然は無限の富、無限の創造の源泉である。そして、大自然の子供たちにとって、必要なすべての物質は、何らかの経緯で私達の所へやってくる。

　大自然の無限の供給は常に愛。それ故、私達は、常に愛を実践する。また、愛は知恵の道を開き、それ故その

道は光に照らされ確かな喜びの道標になる。大自然に感謝します。

　全能なる大自然は、全ての物を支配し、育て、慈しんで下さり、私達の生命をいつも健康にし、常に若く、病気にかからぬようにしてくれる。疲労し破損をしたならば、回復するように内部より導いてくれる。それ故、いかなる病に罹ろうと、いかなる外傷を受けようと、常に大自然が癒し、治してくれる。

　大自然は全てであり、全ての生命である。全ての叡智であり、全ての愛である。この世の全てに愛が満あふれている。全ての人の体の中にも、精神の中にも、大自然の叡智や、愛があふれ、あなたは今完全に健康に生かされている。

　健康が本来の姿で、病気は全て駆逐されあなたの中には無いのである。大自然を呼吸すればするほど、全ての害は、愛に変わり、体も心も健康に満たされる。細胞の一つ一つが元気で張り切っている。

法則の使い方

＊勝手に思い込み法則─現実はどうあれ、私の肉体は全て絶好調と勝手に思い、言葉に出して言う。特に寝る前潜在意識に働きかける。

＊愛の法則―心臓はじめ各臓器に「愛している」と言う。
　肉体の細胞の一つ一つに愛の香水を降りかける。

＊感謝の法則　一体の全てに感謝。気になっているところ
　に感謝。健康に感謝。

＊想像力の法則―最近のポジトロン断層撮影法（ＰＥＴ）
　によると脳は刺激が視神経から来たものであっても想
　像から来たものであっても同じように脳の中で像を結
　ぶらしい。脳は実際の像と、想像上の像の区別をしな
　い。元気な肉体を想像しましょう。

Ｌｅｓｓｏｎ 7）精神治癒

　何を信じるかによって生活全体が変わってきます。対人関係、金銭状況、精神状態、肉体状態、全て。世間の人々をどう思い、彼らに向かってどう対応するかで、彼らは反応してくるのです。あなたの肉体は、あなたの心の状態に反応します。その他あらゆる生き物、動物、そして植物はあなたの思い方に反応します。家族、友人、仕事仲間、顧客、そのほか、道端で行き会う縁もゆかりもない人々まで、あなたの態度や考えや思いに反応します。態度を変えると体験も変わります。とすれば今体験している事が望ましくないのなら、考えや注意や態度のあり方を変える方がいいと言う事は常識です。**意識的に精神を変える事を精神治療と言います。効果的な処置をする前に準備が必要です。**

　その準備とは、心の状態を、リラックスした状態にしていく事です。ゆっくり深呼吸を３回以上していく事です。そこで、静かにゆっくりと自分自身を分析していきます。許す事への理解、私達の過去の体験は本当は悪でも凶事でもなかったこと。過去の体験は多くの良いもの引き出してくれる事を学びました。

　もしあなたが、悪い人間であると信じたとします。そうすると良い体験が来ると信じる事は至難の技です。必ず不幸な体験が来る様にと潜在意識は動いてしまうのです。望む良い体験は得られないのです。ゆったりできる静かな環境で、あなた自身と向き合いなさい。自分は劣った人間であるとか、他の人間が自分を村八分にしている

と感じたら、世界が自分を嫌っている、反抗していると言う感じがあったら、勿論良い事が現れないので、そういう否定的信念を心から綺麗に掃除してしまう事が必要です。心を掃除した後（正常な精神状態）精神治療に効果が出るのです。もし心から否定的な信念、思考、動機などを掃除してしまわなければ、1日の多くの時間を無意識的に自分の欲しくないものを求めて、またいらない物を思いながら行動してしまうのです。どういう事かというと、心配、恐怖が自動的にその様な心のイメージを作り出していくのです。私には良い体験が来る資格があると信じなければ、善い物はこないのです。病気になるのが当然と思いながら、健康になるために精神力を使う事はできるはずが無いのです。

　あなたが精神のあり方を統御出来る程度に応じて、精神治療が出来ます。

　リラックスして、憎しみ、怒り、心配、煩悶を掃除し、それを愛で置き換えましょう。恐怖は積極的な信念で除けます。何を信じるかを選ぶ力、何を愛するかを選ぶ力、想像力を働かせプランを選ぶ力、……これらはあなたの天国から地獄までを作るのです。

自己分析

　あなた自身を応用心理学の見地から分析し、治療処置を行い、現在以上に能率高く，価値ある、重要人物として、明瞭にするための作業です。精神分析の創始者であるフロイト博士は、人間の体内に在る生命力の発動機のよう

に動的な衝動を抑圧すると、病気になるか、人格上の故障が起きる事を発見しました。そういう衝動を意識的に正しい方向に向けないと、しばしば悪い方向に流れ込んで、精神や肉体を蝕むのです。

　それではどの様にして、精神の中で良くないものが優勢状態になるのか、そしてそれが潜在意識内に入り込むままにしておくと何が起こるのかを考えていきましょう。

　あなたの表面は顕在意識と呼ばれる知覚を伴う体験の世界です。あなたが仮に深い損傷の体験をしたなら、例えば、事業が失敗して多額の負債を抱えたり、自分の心の杖とも思える大切な家族を亡くしたり、または、他人からひどく心を傷つけられたり、目の前で、ショックな出来事に出遭ったり、あるいは身体に負傷を受けたりしたとします。その記憶を、潜在意識―無意識の世界に落とし入れます。その後、また別の損傷を受けると、その記憶も以前の記憶とあとからあとから付着していきます。それら全ての被害の記憶が一団となって、有害な複合体になります。

　その結果として自然に、この世では自分に何もかも不利な状態がおこり、悪い方に動いてくると思うようになるのです。意識的にではなく知らないうちに、コンプレックスとして、マイナス思考が現れてくるのです。

　またあなたがある時大変な失敗を犯したとします。そ

れを忘れてしまおうと望み、自分は忘れてしまったと言い聞かせ、済んだ事は取り返しがつかないから綺麗に忘れる事にしたとします。そして思い出さないようにします。然し、忘れてしまったのではなくて、みな活性されて隠れているのです。どの損傷も感情によって荷電され、潜在意識の中で否定的なことが優勢になってしまうのです。有害精神複合体は深く潜在意識の中で根をおろし、あなたの感情を埋め込まれてしまったのです。

　私達はこの潜在意識に横たわる有害な、恐怖、損傷、損失、失敗、怒り、劣等感を綺麗に掃除しなければなりません。なぜならば、潜在意識に横たわる否定的な有害物質は私達の人生行程の通り道をふさぐ有毒ガスを作って、不幸・挫折・苦難となっるからです。またあなた自身の未来、より善い体験、より素晴らしい人生への道を邪魔をするのです。

　否定的な要素が優勢になっている思考の在り方を、信念・愛・善意などの肯定的な要素が優勢状態になるように今すぐに潜在意識を変えていかねばなりません。

とり越し苦労、不安、怒り、恐れ、劣等感、いかにしてこの否定的な有害物質を除くか

　仏教では、人を病気にする２つの悪魔の感情があるとされています。

　Ａ　凍る激情─恐れ（将来起こるかもしれない苦難を心

　配する不健康な反応）

B　燃える激情—怒り、いきどおり、抵抗（過去起こっ
　　た事への不健康な反応）

　取り越し苦労（凍る激情）

　取り越し苦労は人類最大の呪いです。医者は、菌や老
化以外のほとんどの病気の原因の過半数は、取り越し苦
労だと言っています。なぜなら、取り越し苦労は、精神
的にも、肉体的にも人間を八つ裂きにしてしまうからで
す。
　取り越し苦労は、精神も、肉体も、病気にする機能です。
心に一つの心配事が出来ると、それがどんどん膨らんで、
いつしか自分の心を占領してしまいます。心理学者フロ
イトは言います。「病的な思考は単純な規則性を持って繰
り返す」。同じところをぐるぐる回るマーチングバンドか
回転木馬のように心配が回転して行くのです。
　鍵をかけたか、ガスを消したか、ちゃんと切手をはっ
て手紙を投函したか、自分を疑い始めるのです。
　取り越し苦労は、意識しないうちに自分の望まない方
向へ心を集中させる、まるで自殺行為です。取り越し苦
労や心配はどんどん蓄積して行きます。

　それではどうしたらこの取り越し苦労を取り除けるで
しょうか？
　自分は何を心配しているのか考えましょう。

＊火事になったらどうしよう・・・本当に火事になったら考えましょう。今まで火をちゃんと消していた自分を信頼しましょう

＊泥棒が入ったらどうしよう・・・泥棒が入ったら考えましょう。鍵をかけようがかけまいが、入る時は入るのです。こう心に言いましょう「私の家には良い人しか来ない」。

＊子供が心配・・・病気になったり、事故に遭ったらそうなったら其の時考えましょう。知らないおじさんと話さない。「お母さん、お父さんもしくは家族が事故に遭ったから一緒に病院へ行こう」なんて信じないと教育する。私の家族に邪悪な考えを持っている人は近寄らないし病や事故は起こらないと思う事。

　将来起こる難題は、起きたその時考えればいい事です。取り越し苦労、未来への心配、それは心の中の悪魔です。悪魔があなたの心に住みつかぬように、心の中から悪魔を追い出すことが大切です。未来を善く考える習慣をつける天使を自分の中に入れましょう。

　取り越し苦労は、未来を破滅へと導きます。人間の推理能力のみが取り越し苦労をするのです。推理能力は素晴らしい能力なのですがそれを誤った破壊機能として使ってしまったのです。知脳指数の高い人や、高学歴な人に取り越し苦労の習慣的考え方が多いのです。その能力を、未来の栄光に満ちた人生設計のために使うことが大事です。

　取り越し苦労は、自分の世界を、確実に地獄に連れて

行く機能です。

　意思を持ってやめましょう。

怒りや憎しみをいかに無くすか（燃える激情）

　誰かがあなたを害し、あるいはあなたが誰かを害したとします。空想にふけるか暇な時、または睡眠中に、心のドアーを緩めがちですから被害の記憶は出てこようとするでしょう。静かに座り、心をくつろげる時も、あなたを害した人の事を思いはじめるでしょう。腹が立ってどうしょうもない思いやあんな事しなければよかったという思いが、むくむくと心の隙間から出てくるのです。——それは自然界が、役に立たない不健全な記憶を除いてしまうように告げているのです。

　心の中の有害物質はよく夢を通じて現れます。心の表面で起こる事は何でも、潜在意識の下のほうに隠れて入りこんでいる有害物質と関係があるという事を、有能な精神分析家は知っているのです。なんでも表面に現れる事は、心の奥底にあるものに影響され、色づけされているのです。

　夢、習慣として思うこと、自分自身の苦悩を赤裸々に出すと、潜在意識の中深く隠れてたまっている有害物質を探し出せるでしょう。

許す事の大切さ

　意識的であれ無意識的であれ過去あなたを害したと感じる誰かに、怒りを持っているかもしれません。また、今日劣等感を感じたことや成功できなかったことがあったとして、それに責任があると感じている誰かに怒りを持っているかもしれません。人はなかなか自分自身を害した人を許す事が出来ません。害を与えた人は自分自身の人生の中で1回ひどい事をしたかも知れません、しかしそれをあなたは思い起こしその度ごとに何回も何十回も時として何百回も自分で自分を痛め続けるのです。その頃あなたを害した人は、まったく、あなたの事など思わず楽しい生き方をしているかもしれませんし、あなたの感じている苦しい気持ち、傷ついた気持ちも気にも留めずに、おそらく、彼の勝手な道を鼻歌を歌いながら楽しく歩いていることでしょう。

　また誰かに自分が持つべき物を横から盗られてしまったのかもしれません。
　あなたは悔しくて夜も眠れない時があったかもしれません。
　しかし、私達の周りには、あなたが将来使えるだろうよりも、さらに良いものが沢山あります。物はどっちみち、私達には所属しないのです。私達が地上にいる間だけ使えるのです。地上にはお金も沢山あり、友達を作る機会もたくさんあります。あなた自身も自由になりましょう。

理解は治療

　私達が真相を知ると、すなわち理解すると、もう許さなくてはいけない物は何も残っていないのです。想像の中で、他の人の立場に自分を置いてみると、相手の背景や事情もわかって同情もわき、自動的に許すものです。

　賢明なソロモン王は「汝の得るもの全てをもって、相手を、全ての物事を理解せよ」といいました。もし私達が「許す事」をしなければ、自分自身を傷つけるばかりではなく、精神的な安らぎはなくなり、自分なりの成功した人生からずーと遠のき、敗北したみじめな人生を意に反して生きることになるのです。唯一の賢明な策はそれを理解し、それを許し、そして意識から去らせる事です。
　非難を続ける限り、私達を害した人を許し解放し、かつ自由にしない限りけっして心の平和は手に入りません。にもかかわらず、なお許す事が出来ないならば、それはおそらく私達が理解なしに、相手の立場に立つ事なしに、自分だけを理解して自由になろうとあがくからです。愛する時、私達は理解して許すのです。すると、それまで憎しみ、復讐に、怒りに、また痛恨に向けられていた力は、私達の体内を、愛として、善意として、同情として流れ、多くの富や、愛情や予期しなかった恵みをもたらすでしょう。

　キリストは、「あなたを軽蔑している人、また迫害をする人のため祈れ」と言いました。

この世には良い物も悪い物もありません。ただ私達が良い悪いと思うだけです。もし私達が問題を1つの機会または励ましの挑戦と見るならば、どんな問題も私達を弱くしたり無能にしたりする事はありえません。あらゆる事態は「つまずく石であるか、あるいは、あなたを助けるぬかるみの中の踏み石」です。あなた次第です。

全ての進歩は何かの問題を克服し、何かの挑戦に戦い抜いた結果です。

私達の成功は挑戦に応じて成長し発達することによるのです。問題や失敗を恐れてはいけません。植物の種は発芽し、土の中の堅い外皮を貫き、重力に抗い新芽となって出てきます。もしもこれが自然界に於ける成長と発達の根本ならば、大自然が我々の前におく難題や挑戦に感謝すべきです。

また潜在意識の憂いは相当強く、今日楽しい愉快な生活を妨げているのは、親が自分を不当にあしらい、十分かわいがってくれなかったと感じている人もいるかも知れません。親がなぜそんなふうにあしらったかはその詳しい事情を知るまでは、決して理解できる物ではありません。何十年もの間、私達の人生をめちゃくちゃにしたと思っている一人の親を憎んできたかも知れません。然し、理解しようとするなら、私達をたたいた親は、彼自身子供のときに誰かにたたかれたり、甘やかされ過ぎたりした事をはっきり知るでしょう。親は親自身の苦しん

だり傷ついたりした体験を私達にくりかえして、暴力や
甘やかしすぎの連鎖が出来ているのです。そのままでは
何代も続いていくのです。最長7代まで続くと言われて
います。

　その、悪の連鎖をとめる、賢く常識的な考え方は、ご
自分のために、ご自分の未来のために、愛し、理解し、
そして許す事です。愛は世界最大の癒す力です。理解で
きれば許す事が出来るのです。私達の体験は暗闇から光
へ、憎しみから愛へと変わっていくのです。

　かつて原爆が落とされた大地は草も木も生えないだろ
うと言われていました。しかし大自然は、許し、癒し、
今では、自然が戻っています。

　許す事は自分の心のゴミを掃除する事でもあるのです。
でも人は言います、わかっているしかし、許す事が出来
ないと！

　自分の人生を恨んで、憎んで、次に他の人が自分にひ
どい事をしたらまた恨んで、憎んだらどうでしょう。心
の中はゴミ屋敷になってしまうのです。
　自分の運を上げるには、自分のために人を許しましょ
う。後ろ向きの人生ではなく、新しい未来のために！

　自分を害した人の為ではなく自分自身の為に許しはあ
るのです。

小さい時の環境が劣悪だったために自分自身を害され
その思いを一生持ち続けている人がいます。また一方で
は、幼いころの逆境に反発をして、良い意味での反面教
師にして、体験から貴重な教訓を学び、自分の子供たちを、
普通よりずっと深く愛し、幼いころの体験を善に変えた
人もいます。あらゆる体験に善を見つける事が出来たな
ら、あなたの世界は変わるのです。

　劣等感の克服
　劣等感に悩む人は結果を恐れ前進する事が出来ず、現
状の事態を恨むのです。あなたは体験の世界を変えたい
ですか、それともくだらない考えに取りつかれ心の中と
雑草をはびこらせていたのですか？　学歴が無い、家が
貧乏、背が低い、容姿が良くない。アパートに住んでいる。
他の人から見たらくだらないと思うことでも自分はみじ
めに思っている。自分の恥部を他の人に見られたくない
と思っている。自ら劣等であると誤り信じて、人生を勝
手に難しくし、ひどい落とし穴にはまりそこから抜け出
せないのです。多くの劣等感に悩む人は、その原因が自
分のせいではなく、親や兄弟、環境、国のせいだと信じ
ているのです。ある人は自分の弱みを武器として人生を
渡り成功していき、もう一人は自分が劣っている点ばか
り敏感になり、広い世界を見ずに　幸福を手に入れず辛
く苦しい人生を作り上げて行くのです。あなたは後者で
いいのですか？
　劣等感攻略の最も有効な方法は、あなたがあなたの悩

みを聞いてあげ、第三者として解決していくことです。大切な事、目で見える事は何もかも現象であって実態ではないのです。現実はあなたの考え次第でどんどん変化していくのですから、本質のあなたを発見させるのです。忘れていませんか？　あなたは、天にも地にも一人しかいない大切な尊い存在だと。

　有害精神複合体の処理方法

1）有害精神複合体は心理分析によって意識する心の表面へ引き出されてきます。手を出して病根を掴み、白日のもとへもっていき、それを理解するのです。理解とともに、情緒的な内容の物は消滅してしまうのです。もしも分析を担当する人が腕の利く善い心理士であれば、これはよい処置方法です。

2）次の方法は、愛や善意、幸福などを絶えず心に注ぎ込んでいく方法です。ここに、泥水〔有害物質〕がいっぱい入った大きなコップがあったとします。其の泥水入りのコップを全部ぶちまけて、綺麗な澄んだ清水〔愛と善意〕の入れ替えるか、または、泥水入りのコップの上から澄んだ水を絶えず注ぎ込み、全部の水が完全に澄んだ綺麗な状態になるまでにする。

普通の本能を健全に表現する

　正規の本能は健全な表現をしなくてはいけません。種族の永続欲求―自己保存の欲求―セックスの欲求―目的達成欲求―全ては正規の欲求です。

　正規で本能的なものは何一つ悪くありません。私達が悪と考えるのは，もともと良い物を乱用したり、誤用したからにほかなりません。

　セックスの欲求は美しい家庭生活へ導きますが、方向を誤れば、人を傷つけ、苦しみの状態を作ります。正規の本能の抑圧は必ず、精神や肉体の健康を害しますが、全ての内心から来る衝動は出来る限り最高の水準で表現されるべきだという事を明瞭に知っていなければなりません。

　私達の自然な衝動は、もしも潜在意識内に、罪悪感や悪い宗教によってまた、恐怖によって支配されるとしたなら、健康なそして健全な方向を与えられません。

新しい習慣に変える―自動習慣機能を使う

　自分の今までの人生を振り返って、満足の行かない習慣があったなら新しいあなたの望む生き方の習慣を作りましょう。脳は善きに付け悪しきに付け繰り返しが大好きなので注意が必要です。

　自動車を運転すること、書くこと、その他を学ぶ時、

操作の１つ１つを学び、人間コンピューターにインプットします。その後潜在意識が、習慣として私達の身体を使って、行動していくのです。ある状態に対する思いや反応は、自動的なものになるのです。

　ある子供が病身で、不満を訴え続けていたとします。だがもし何の努力もせず、健康が正常だという考えに行き当たらなかったら、彼は生きている間中おそらく、病気が正常と思い、死ぬまで病身でいる事でしょう。生まれた時から病気でも、運命は自分で作れるのです。

　何を心の中のコンピューターに無意識に、　意識してかインプットしたか、

　世の中に、高慢な人はいません。威張った反応という自動的習慣があるだけです。常に失敗した落ちこぼれはいません。失敗する習慣を心にインプットしてしまっただけです。物事を良く考えられない落ち込みやすい性格だと諦めていませんか？　生まれながらの酒乱の人はいません、不幸にして過度に飲酒する悪癖に陥ったのです。恋愛に臆病になっている人がいます。誰からも愛されないと勝手に思っているのかもしれません。本当の愛にまだ出会っていないのかもしれません。

　私達には選ぶ力も、人生を再指向する力もあります。私達全ては、習慣をもっています。その多くは良くて、変えたくないものです。また他のいくつかは変えたいと思うものです。**ここで大切な事は変えたいと思う習慣を無理に破棄しようと努めないことです。それより新しい**

習慣を心にインプットすることです。 もし習癖を破壊しようと思うと、習癖があなたを破壊に取り掛かるでしょう。

　子供の頃、沢山雪が降った翌日、坂をそりで滑った事はありませんか？

　先ずそりを丘の上にもっていき、下へ押して降ろして、雪の上に軌跡を作ります。

　今度はその軌跡の上をそりは前よりも速く滑ります。2〜3回もこれをやると、軌跡は固まって、そりの走る立派な道になる。すると何の努力なしにそりはひとりでにその道を滑り落ちていく。それと類似した機能です。

第1回目・・・意識して、自分の意識を低下させて（深呼吸を3回以上する）、新しい自分の習慣を選んでコンピューター入れる。幾分かの努力と忍耐が必要。

第2回目・・・自動的習慣として、自然に心が動いてくる。

　新しい習慣を作るには、自分が望んでいることを確信しなければなりません。

　私達の脳の中では大脳皮質から海馬に新しい情報が入力されると、海馬にある神経線維同士が結ぶシナプスは最初は細い小道の様なもので、渋滞しやすいのですが、何回も繰り返すことでシナプスの道が拡張工事され強化され（ヘブ型シナプス）記憶が成立します。その後シナプスの伝達効率が増す事になりスムーズに伝達していき

ます。同じ情報が入ってくると、ただちに意識的思考なしに自動的に作動してくれます。恐ろしい経験をしたり、強いショックを感じたら、脳の進化的に古い脳［大脳辺縁系］が出てきてなかなか感情を理性がコントロールできなくなってしまうのです。そんな時も自動習慣機能が解決してくれます。

**　私がうつ状態の時どう治して行ったか何か皆さんのお役にたつかもしれないので書いておきます。色々な方法があると思いますが薬だけで治るほど簡単ではないと思います。**

　まず絶体絶命の時、誰も頼る人がいないし自分で何とかしなくてはいけないと覚悟を決めた。かつて義母のうつ病を治すため色々な病院に行ったが医者もカウンセラーもうつ病を治せなかった。薬だけは増えて行くが一向に治らず、薬の奴隷になりやすいとその時感じた。自分がうつ状態になった時、絶望しかなかった。

　次にした事は、義母を治そうと色々な本を読んだ中でこれはいけそうだと思うことをいくつもピックアップして実験的にやってみた。その中で良い効果があった一つは、19世紀のフランスの精神科医クーエの療法。寝る前に「毎日薄紙一枚ずつ全ての点において私は、より良くなっていく」と10回言って寝た。潜在意識を活用。効果

絶大。但し、何年もかかる。すぐ効果が出るなんて考えない。

　つぎに、絶望の中、未来の希望を５つ考えて書く［サルトルの言葉に従う―絶望の中でも希望を持つことが大切である］。その時望みが無くても何とかひねり出す。心の中は何も要らない。欲などない。どうでもいい世界。

　その希望に従って行動する。私の場合家から一歩もでられなかったので、まず庭に出る訓練、近くにあるコンビニへ行く訓練をした。次に図書館まで行く訓練。駅まで行く訓練。電車に乗れないので一駅ごとに電車に乗る訓練。飛行機に乗れる訓練。行動する前に自己暗示をかける。例えば「外に出ると気分がいい」(電車に乗ると嬉しくなる)とか勝手に良い言葉を自分に言う。

　死にそうなくらい辛い訓練。今から考えるとよくやったと自分を褒めたい。

　その時代は認知行動療法、論理療法などなかった。

　自分を苦しめる考えが四六時中浮かんでくるので、その時**思考停止**。さもなくば、すぐに楽しい事を考える。**人間は同時に二つの事は考えられない。**

　この考えも私を救ってくれた考え方。

　開き直る。まな板の上のコイ。どうでもしてくれ。心の悪魔に対して知らん顔する。気にしない。苦しい実態を見つめない。相手（心の中の否定的な考え＝心の悪魔）の存在を認めない。相手を認めれば、また新しく想像の

世界で苦しみが大きくなっていく。幻聴幻覚があるわけではありません。間違えない様に。

　苦しみの池の中に落ちて何年もしてくると、とてもいやなのだけれども慣れ親しんだこの池から新しい希望の池に飛び込む勇気が無い。勇気を持てば治る。新しい挑戦が不安。これを乗り越える事が重要。

　自動習慣機能を使って新しい希望の道を造る。意識を低下させ「私は、自分を苦しめる考えはしない」「いつもどこへ行こうとも私の心は楽しい」「私は毎日幸運の道を歩いている」と私の心にインプット。人間コンピューターの素晴らしい機能の一つ。

　今現在心の中に起きている事（マイナス思考オンパレード）は、現象であって、実態ではないと自分に言いきかす

　ここまで努力した後、神、仏に祈る。
　私の場合今思う事は、自分の努力だけではなく先祖や、神仏が助けてくれたと思っています。本当によく助かったと、奇跡だと思っています。

対人関係の難題　恋愛、結婚生活、仕事関係、

Lesson 8）満足できる結婚

　結婚は人生における最大の冒険旅行です。どの人と結婚するかで幸福か不幸が、大きな違いとなって表れるのです。波乱万丈の人生か、平穏な人生か自分の選択がその後の人生に大きく関わっていきます。波乱万丈が好きな人もいますので、あなたの希望次第です。

　結婚は愛と相互協力を確実な動機としなければなりません。お互いに、自分を愛するほどに相手を愛さなければ、どんな結婚も成功しません。

　しかし、結婚相手は、修行の相手とも言います。いかに他人とうまくやっていけるかです。一生独身の人には、この世での結婚と言う修行が終わっている人もいるそうです。

　多くの人は、経済的理由や、横暴な親からの逃避のため、寂しいから、将来を恐れるから、働くことに飽きたから、性の衝動から、何かから逃れるため、自分に足りないものの穴埋めのために結婚をしているのです。二人が正しい動機で結婚すれば、仕事、遊び、愛など、生涯を通じて、彼らにとって、良きもの、望みの物を手に入れることが出来るのです。でもここでは、正しくない動機で結婚した場合、正しい結婚と思って結ばれたがうまくいかない場合、今後の人生、満足する結婚生活をいかにするか、結婚の成功法はあるのか、考えていきましょう。ここで、

皆さんと家族友人と話し合ってみましょう。
 1) 成功法はあるのか？
 2) 離婚して、正しい目的での結婚をやり直す？

　あなたが満足する結婚を望むなら、それはあるのです。しかし、努力はしたくないと思うなら、何も手に入るものはありません。
　幸福な関係は隷属ではありません、完全なる自由が基本です。自分に真実で相手にとっても真実であること。

　結婚はある種の不自由を伴いますが、それにより一層の自由が与えられるのです。他の人の考えを尊重し、するがままに自由にすることです。1から10まで相手を自分の考え通りには、ほとんどできませんし、してはいけないのです。なぜなら、自分も自由がなくなるからです。また相手側からの抵抗が起きます。

　幸福な結婚を望むなら、相手から受け取るだけではいけません。相手にどれだけ、与えたか、相手が喜ぶことをしてきたかです。
　今の相手が、心にそわず嫌な人でも、感謝し、自分なりの仕方で相手の幸せに貢献できるか、考えましょう。これが未来を拓くのです。
　結婚は修行です。結婚できただけでも修行ができて良かったのです。ラッキーと思いましょう。ともに結婚ゲームに参加でき、二人で色々な難関を知恵と努力で突破していくのです。

ここに、心根の優しいある婦人がいました。彼女の夫は、彼女の優しさをいいことに、横暴で、冷たくふるまい、彼女が病気の時は特にひどい仕打ちをしていました。その上、自分は、浮気はするし、お金も自分の使いたい放題、妻には、最低限のお金しか与えませんでした。それでも彼女は、心の中で、勝手に思いこみ法則「自分の主人は、世界1素晴らしい人で、優しく、私を大事にしてくれる」と歌のように毎日口ずさんでいました。

　そんなある日の事、彼女は主人に言われて街に買い物に出かけました。余分のお金など持ち合わせていない妻は、買い物を済ました後、お昼時ということもあり、無意識にレストランのおいしそうなウインドウをずーと眺めていました。その時、身成りのキチンとしたある紳士が、「一緒に食事をしませんか」と、言ってきたのです。彼女は、はっと我に返り、ほほを真っ赤に染めてもちろん、断りました。しかし、おなかは正直で、「ぐー」と鳴ってしまったのです。ついつい、その方の誘いにうなずき、一緒にお食事をしたのです。その後どうなったでしょうか？

　その男性に、問われるまま自分の境遇を話してしまいました。それから何度も一緒に食事をすることになり、二人は結婚をしようと約束をしたのです。横暴で自分勝手な夫は、話し合いで、沢山の手切れ金と交換に離婚を承諾してくれました。今は世界一素晴らしい夫と一緒に暮らしています。あなたはこの話うそだと思いますか？

Ｌｅｓｓｏｎ 9） 良好な対人関係のための考え方

　誰でも感じのよい人や、気持のよい所へ引力でひかれていきます。また人は自分のことを理解してくれる人を好きになります。

　人は、自分自身が好きで、自分自身に信頼を置き、自分自身を大切に思い、自分自身に熱心な時、あなたに良い意味での反応をしてきます。

　もしあなたが、人に自分を信じてもらいたかったら、信頼してほしかったら、まず自分自身で、あなたを信頼し、信じなくてはならないのです。

　もしあなたが、人に愛してもらいたかったら、好ましく思ってほしかったら、まず自分自身を、正しく愛さなくてはいけないし、自分を好きでなくてはならないのです。

　私達の自分自身に対する、秘めたる信じ方は、あなたの外見に、反応します。人は、私達の外見によって、惹きつけられたり、反発したりするのです。気が弱く、引っ込み思案の人は、洋服の着こなし、歩き方、話し方で、人に、それと知られてしまうのです。

　また、心が傲慢な人、闘争的な人、自己中心的な人は、自然に態度や行動に表れ、人に、感じられ、見破られ、自動的に、防御の反応を取られてしまうのです。

　誰かがあなたと出会うとき、どういう人であるかとい

う、第一印象は外見を通して作られます。

　人は、あなたを見て無意識に判断に到達するのです。あなたをどう見るのか？

　どう出るのか？　どういう服の趣味か？

　もしも、自分自身をぞんざいに受け取ったとしたら、他の人々も、あなたをぞんざいに受け取ることでしょう。

第一印象……あなたの外見を通して作られます。

第二印象……あなたの話し方を通して作られます。話をするときの声の調子、口調、声が心地よいか、耳障りかで判断します。

第三印象……動作や態度で決まります。感じが良い動作、または横柄な態度、普通の態度、食事の仕方、箸の持ち方。

第四印象……考え方や思想で決まります。何について語るのか、何に興味があるのか等。

　人はあなたにどう反応するかを決定するのです。あなたを好きか嫌いか。あなたを好きになれば、あなたにもっともよく協力してくれるのです。

　またその協力が、あなたにとり善い事もさることながら、協力する人にとっても、正しくかつ善いことであると確信できることが大切です。

　私達が、生きていく上で、満足であり、幸せであり、

生きがいがあるかどうかということは、必ず、人といかに向き合うかが関わってきます。

　一人で、生きてはいけないのです。自分なりの満足する人生を生きたいなら、人がいかに協力してくれるかが、最も重要な課題になってくるのです。

　まず自分を本当の意味で愛し大事に思う。自分を好きになる。信頼する。自分の内なる知恵や能力を信じ敬う。自分を敬うことが出来れば、人生を尊敬できる。人生もまたあなたを尊敬できる。結果みんなもあなたを尊敬する。

　次に他の人のために何が出来るか。相手を理解するように努める。

　人は鏡

　昔から言われている言葉です。しかし、本当には、活用できていないのではないでしょうか？　現実的にどう活用するのかまで親から、他人から教わっている人は少ないのではないでしょうか？　子供は、親の鏡、一人は一面鏡。二人は二面鏡。三人は三面鏡といわれています。聞いたことがあるでしょう。親に、子供は動きによって、いろいろ教えているのです。また夫婦は、合わせ鏡とも言われています。ここまではなんとなくわかるのですが、全ての人は鏡、他人ももちろん鏡です。それでは鏡とはどういうことでしょうか？

　勿論、内面を写す鏡になっているのです。心の中を、

映す鏡になっているのです。

　何年も前のこと、私より20歳も上の友人に、人嫌いな身内のことで、相談した時がありました。「友達だったら絶対に付き合わない人。強欲で、人の悪口ばかり言っていて、私の事も親戚中に悪口を言いふらし、巧妙にも自分が言っているとは言わず、親戚の中で皆さん信頼している人が言ってると。今までどんなに私自身心を傷つけられたかわからない。大嫌いだ」と。そうしたら、その友人は、私に、「大嫌いなその人は、あなたの鏡だ」と言いました。「あなたの中にそれがあり、デフォルメされてその人に投影されている。あなたの中のその部分を探しなさい、必ず砂粒の一つぶんでもあるから。そしてその部分を綺麗にしなさい」と言われました。私にあるなど、失礼なとショックが入り混じって、その時何も言えませんでした。そのあと一人になって、冷静になり考えてみました。そこで、私の中を見てみたのです。しばらくして、気になっている部分が私にもあったことがわかったのです。悔しいけれど真実でした。その友人は言います。「どんなにいやな人もでも、自分になかったら気にならないのです」と。また「気になる人は、あなたにとって宝」だとも教えてくださいました。「なぜならあなたを綺麗にするから」綺麗にすることは、宇宙からの光を直接受ける事ができ、幸福が来るからです、必要な叡智が来るからです。

　練習してみましょう。自分の身の周りの気になっている人、嫌な人、直して欲しいところがある人。時間とお金にルーズな人、冷たい人、見てくればかり気にする人、

高慢な人、人の心を傷つける人、強欲な人、人を批判ばかりしてる人。私達の中に、砂粒一つでも同じ要素を探すことができたら、私達の頭の上に広がっている、神の光を遮断している雲が、一つ一つ消えていくのです。

　探してもわからなかったら、一日三回こう言いましょう。

　教えてくれて**ありがとう**。みんなを傷つけていたら**ごめんなさい。**

　全ての人が私に幸福をもたらしてくれて**感謝しています。**

　もしもあなたが、この事を習慣としていたら、あなたの世界は、光で輝き、あなたは幸せに満たされるでしょう。

Lesson10) 新しい未来設計

　これまで、あなたの研究、心の財産、心の法則、苦難の対処や難題をクリアする方法を学んできましたが何回も読んでよく理解して下さい。先天運の中には、自分自身の人間性向上のためいくつか苦難が用意されていますので難題クリアもとても大切ですのでじっくり学んでください。

　つぎに学ぶ事は後天運の作り方です。自分なりの未来を作っていくのです。自然は良くしたもので、50%は自由に運命を作れるのです。わくわくする未来を作っていこうではありませんか。

1) 自分の運命を作る

　私達は何を持ち、何をし、どうするか自分の運命を際限なく企画することが出来るのです。ある人々にとっては信じられない事であるかも知れません。それは、弱く絶望的に打ちひしがれている人の多くが、自分自身が本当は何であるか知らず、己を理解せず、自分自身について知りたいとも思っていないからです。自分自身何ができるのか学ぶことは自分の人生にとってとても大事なことです。

　未来を作りだす用具は精神（心）です。私達が使う精神は、実は大自然（サムシンググレートとか神）の精神です。我々が決断を下す時、その背後には大自然の叡智と威力が働くのです。あらゆる可能性から、私達自ら何を体験すべきかを選び出せるのです。あなたがたは、大

自然の中の自覚ある決断の指揮者ですから、自分自身の威力を十分に知りまた使いましょう。

　自ら決定し、心配も恐れもなしに、それにしたがって行動しなければなりません。決断の威力が私達の未来を分けるのです。あなたはこれからの人生をどの様に生きたいのですか？

　自分の思い通りの人生なんてありえないと思っている方も、どうなるのかチャレンジしてみましょう。駄目もとじゃありませんか。生まれる前に自分が描いた自分ストーリーと未来の自分ストーリーをあなたが作り出すのです。あなたが自分の人生の主役なのですから。わくわくしませんか？　未来を創造するのです。

　まずイマジネーションが大事です。想像の世界でこうあるとリアルに信じたら脳は勝手に現実だろうが想像だろうがそのように反応します。ポジトロン断層撮影法（ＰＥＴ）による最近の脳スキャンによって、視神経から来たものと、想像から来たものとの区別が出来ず同じように頭の中で像を結ぶことが分かりました。

　私達の多くは、成長する段階で、親、教師、その他の人々から目的を外界で捜し出すように教えられたかも知れません。私達自身にとって、最も重要な事は、仏陀やキリスト、他の多くの聖人が言った言葉。「汝自身の中に汝自身が必要な物がすべてある」。**我々は目覚めの時がきたのです。**

アップル創業者のスティーブ・ジョブズ氏は18歳ぐらいから，禅に興味を持ち、座禅をしたり禅を学んだりしていました。ある時禅の師匠に永平寺に修行に生きたいと申し出ましたら、永平寺に行かなくてもあなたが求めるものは自分の中にあると言われそうです。後に、MacやiPhoneを生みだしたのです。

　俗に言う本当の占い（統計学的占いは別）では三ヶ月先の未来は予想できる確率が高いと言われています。それは自分で言っている事（言霊）や確信を持って想像したものが約三ヶ月後から現実となっていく仕組みに人間コンピューターがなっているからです。

　多くの人は、余りに今とかけ離れた良い未来は、確信を持って信じられるのか疑いを抱きます。またすぐに実現できないのかいろいろ心配になりますが、挑戦する価値があるのです。本当に望むなら実現するまであきらめない事です。あなたにとってジャストタイミングでやって来るからです。

あなたの中の素晴らしい心の力

　この世の中の全ての人に共通した素晴らしい心の力があります。然しそれは目に見えません。過去に於ける偉人と言われる人々はこの力を使っていたのです。エジソ

ン、アインシュタイン、シューベルト、カーネギー、等、
等。

　彼らは、あなた以上に効率よく、効果的に使っていた
でしょう。しかし、あなたがその力をより多く理解し、
さらに効果的に使えば、あなたも今以上になり、さらに
多くの望みの物を所有することが出来るのです。

　当然私達は、その力を知る所から出発し、その理解と
知識と見聞を広めていかなくてはなりません。自らにつ
いて、私達が使う心の力という、素晴らしい要具について、
知りうる限り学び、それから使うのです。

未来実現心理療法

　未来実現心理療法とは、体験したいと思う特定の思考
や考え方やプランを選ぶ事です。思考または考えの型は
精神の１つの形です。そしてあなたは、思考や心の絵を
形作る事が出来る無限の能力を持ってれるのです。未来
実現の療法は単に思考を変えることで、あなたが欲しく
ないものを除き、欲しい物で置き換えるのです。

　未来実現心理療法は、ある結果を得るために心のあり
方を自覚して選び、引き続き心の状態を維持する事。一
定の目的のために行う一定の精神行為。それは特殊な効
果を得るために心を特殊に導くことです。この事は、あ
なたの思考を拡大することです。

想像力は心の技術部門です。顕在意識であなたが作るイメージをどれにするか選ぶと言うこと、それを継続的に持ち続ける事。その結果、潜在意識は客観的に体験の世界の中に持ってきてくれるのです、あなたのイメージのものかそれより良い物を持ってきてくれるのです！

　自覚して心を統御しない限り、あなたの無意識的な考えは、他の人びとが信じている事をそのまま受け入れます。他人の刷り込みを自分の考えとしていることで多くの人は限界と困苦と失望に陥るのです。そういう状態が正常と思うのです。結果不満足な人生を生きるのです。しかし、あなたが自分自身の如何なる側面においても支配権を握る事ができまた肯定的な事に信念を置くことができたなら、わくわくする日々を送れるのです。

　仏教では宇宙の星の動きと人の心の動きは同じものだといっています。生々流転している星は、ある時突然にでき、何億光年してそれがまた爆発して無くなる。人の心もそれと同じ動きをする、ある時突然に悩みができて、時の推移とともに、それが無くなる、空即是色、色即是空。

　宇宙全体は異なるふるまいをする一つの物で構成されています。科学者はその一つのものを生命の基本エネルギーと呼び、それが異なるスピードで振動している微小な「超ひも」としてあらわれると言っています。その振動の多様性が生み出されます。その宇宙と同じもので私達は構成されているのです。「超ひも」の振動しだいで、

違いで、多様な物質が生まれてくるのです。望む物質的な現象を創造するためにどうやって自分が選んだ超ひもの振動を起こさせるか。振動速度と振動パターン、それが特定の物理的現象を創造するのです。

　私達は**思考と言語と行動**を通じて知らないうちに想像し創造しているのです。あなたが考えること、語ること、行動すること、それがあなたの中心から「振動」を送り出します。思考とは振動で、現在は測定もできます。言語とは声帯の振動、行動とは肉体が何らかのやり方で振動することです。その振動が特定のパターンを作り出し、特定の周波数となり、超ひものパターン化された運動の変化により、多様な物質を生み出しているのです。あなたの中や周辺のエネルギーの場の変化が、あなたの存在の「時空の連続体」に局所的に変化を生みだし、それがあなたの生命に新たな物質的効果を引き起こします。

　プラス思考、前向きな言動、行動が超ひもの振動という生命エネルギーパターンの一番よい周波数を生み出すのです。マイナス思考も同じ様に悪い周波数を生み出します。

　瞑想や祈りは、高度な形のエネルギー変更です。

　好ましい未来の臨場感あふれる想像は高度な形でのエネルギー操作です。

　言葉は語ることによって、高度な形のエネルギー調整をもたらします。

　このような言動はあなたとあなたの周りの全てを創り上げる超ひもの振動を変えていくのです。意識を持って

高次元の言動をしていきましょう。良い周波数が良い未来を作っていくのです。

　良い周波数は振動を上げることです。

　未来実現は振動の科学です。
　すべてが振動に共鳴して起こっていると考えます。今この瞬間にあなたが何か願望を持ったとしましょう。そしてそれをイメージしました。
　そのとき、既に宇宙の高次元では、それが実現しています。
　リアルに存在します。

　しかし、私達は三次元という振動の低い世界にいます。

　つまり私達がイメージした現実を経験するためには、振動を上げる必要があるのです。
　振動を上げて、願望が実現している高次元の周波数と同調する必要があります。
　そうすると、あなたは望んだ現実を経験できます。振動の科学の言葉で言うと、願いを叶えるとはこういうことです。
　この原理はともかく、「振動を上げたほうがいい」とわかっている方は多いです。
　では、どうやって振動を上げたらいいでしょうか。

いろいろな方法があります。

- いい言葉（言霊）を使う。
- 愛、喜び、感謝などの心の状態になる。
- 「自分は愛されない」など、宇宙の真実と相いれないガラクタ思考をすてる。
- 出来事のポジティブな面を見る選択をする（人の良いところを見つける、言葉に出す）。
- ネガティブ情報をシャットアウトする。
- 自分は素晴らしい、運がいいと常日頃思う。
- 人は同時に二つのことは考えられないので、良くない考えが浮かんだら即座に楽しい考えに変える。
- 宇宙、神とつながると感じる。

いろいろあるし、どれも効果があるでしょう。

　振動を上げる最も効果的な方法があるとすれば、それはなんでしょうか。

「本当の自分」とつながることです。

　なぜなら、あなたのなかで「本当の自分」が最も振動が高いからです。

「本当の自分」は、いつでも深海のように乱れず、平和で、リラックスしています。

　そしてそのため、それは愛、喜び、感謝といった波動を持っています。

「愛」といっても人が人を好きなる感情ではなく、キリストが人間のために十字架にかかったようなこと、聖母マリア様の全ての存在に注ぐ、慈愛のまなざしのような、高次の振動のことです。

あるいは、「空」と呼ばれるような暗黒で何もない場所、それでいて光のようにすべてがある場所の振動といってもいいでしょう。

「本当の自分」はこうした高い振動を持っています。

このような「本当の自分」につながるとき、振動を最も効果的上げることができます。先ほど挙げた振動を上げるいくつかの方法も、「本当の自分」とつながるためのサポートの役割を果たすでしょう。

どうでしょう？　こんな意味での「本当の自分」があなたのなかにいると思いますか？　必ずいるし、つながれると思います。

しかし、「本当の自分」はまだあなたが経験したことのない存在かもしれません。

「お金さえあれば幸せになれる」「すてきなパートナーと一緒にいれば幸せになれる」という考えを持ったまま、「本当の自分」と出会うことはできないからです。

あなたの未来設計。夢、希望は何ですか？

色々な希望や望みを持っている人がたくさんいらっしゃると思いますが、中には望みなんかないと言う人もいらっしゃいます。良く自分自身と対話をして考えて行きましょう。行き当たりばったりの人生にならない様に未来の設計は、きちんとしておきましょう。ある人とない人では人生が大きく変わります。ノートを一冊用意し静かなところで、頭を整理し、ゆっくり考えましょう。

　私達は、過去にも、未来にも生きられません、この一瞬、一瞬しか生きられないのです。今までの過去も、今現在も、今まであなたが知ってか知らずか想像し創造していた現実なのです。未来を変えるのはこの一瞬しかないのです。過去の亡霊に足を取られ現実が苦しいとぼやいても、あなたの現実は過去作ったものだから次元が異なる今は変えようがありません。

**　私達はある意味過去を生きているのです。**

　しかしあなたが希望した未来を造り上げるのは今しかないのです。現実をぼやくより、わくわくする明日を造るのです。ここであなたが自覚しなければならない事があるのです。**誰しも私達は創造屋さん。何でも作れる未来創造コンピューターなのです。それを意識してるか、してないかの違いがあるだけです。**

　大自然の偉力は、常に使えて、いつも用意出来ていて、あなたに使われる事をスタンバイして待ち構えているのです。懇願したり、無理強いしたりしなくていいのです。またしてはいけないのです。

　しかし、信念が積極的でない場合やあまりに緊張があるときは、欲求を調べ直すことも大事なことです。感情に反して処置を試みているかも知れません。たとえば、みんなに優しくされるので本当は病気で居たいのに、健康になろうとしていたりしていないでしょうか？

　自分は本当に何を求めているのか、自分自身に聞いてみることも大切な事です。

　表面の意識と奥底の意識が同じでないと、人間コン

ピューターは上手く作動しません。

あなた自身の価値を認めること

　あなた自身の中に理知や知恵もあります。私達が知恵を使って体験する事に限界がありません。無限の英知は我々各自の中にあります。あなたの生涯で体験したいと思うもの、また表現したいと思う能力などが、あなたの存在を形づくっているのです。すなわちそれは、あなたです。それらの神性を持つ、不死の、終わりなき能力が化身となって、あなたの本質として、あなたの真の個性をなしていると言うことではないでしょうか？　あなた自身や、それらの能力を使う才能への理解が増して、大自然の特性をあなたが表現するにしたがって、あなたは無限の神性ある大自然のパワーに拡大してゆく、ということにうなずけないでしょうか？

　あなたの能力は、無限の能力をどの程度まで使うのか、様々な無限の特性の何を、如何に表現すべきかを選べます。**選んで―決断し―行動するのです。**

　あなた自身への理解が深まるにつれて、あなたが使い、表現し、体験するあらゆる精神能力と霊的特性もそこにあります。これらの特性の全ては、それが表現される能力とともに使われるのを待っています。こういう体内の貯蔵庫や動力源からの表現や体験はあなたが自ら抑える

のでない限り、一切際限がありません。あなたがひどく愚かな人ではない限り、大自然が与えた「贈り物」を故意に拒むような事は当然なさらないでしょう。しかし、もしそれらの「贈り物」に気づかなければ、それは持たないとほぼ同じです。

　法華経の中に、何回も話を変えてそのことが出てきます。ある時は、蔵が幾つもある、大金持ちの子なのに、その事を忘れて、外にばかり目をやり、幸福の青い鳥を世界中探しついに見つからず、さまよって浮浪者みたいになってしまった。その後やっと自分の家、大そうなお金持ちの立派な家の前に行き倒れて帰って来た。しかし自分の家なのに忘れてしまっている。と言う話だったり、またあるときは、毎日の生活にも事欠く貧乏暮らしをして生きていた或る日、たいそう立派になった古い友人にあった。お互い再会の喜びにお酒を飲み交わした。しかし貧乏暮らしの友の方はすぐに酔って寝てしまった。友人は彼を心配し友の衿に高価な宝石を縫い入れてその場を離れた。それを使えば貧乏暮らしから抜け出せると思ったのだ。それから何年かして友に逢ったが、また同じ生活をしていた、衿に縫い込んだ宝を全然気づかず生活していたのだった。という話。<u>そうです世界中をさまよって浮浪者や貧乏暮らしになったのは私達自身です。　財産家のあなた（精神的財産、物質的財産）に気が付いてないのです。</u>

　一億円の預金が銀行にあっても忘れて生活をしていた

のなら、それを役に立てられないでしょう。自分を幸福にしたいならば、この資源を知り、それを使わなければならないのです。自分自身を知ることなのです。

　我々人間は自分自身の内部の力を知らず、弱く、心くじけ、不幸を感じるのです。自らを理解しないがために、間違った所を探して、己を見る事をしないで他に求め生きているのです。そうなると人間の尊厳や人格の重要さを知らず、自分の考えでさえも統御できません。恐怖、憎しみ、嫉妬、貪欲と感情が荒れ狂うに任せているのです。また他にやられたら復讐の世界です。

　アメリカで起こった9.11同時多発テロの後のテロとの戦いを見ても判るように、憎しみの連鎖や武力では何も解決することはできません。むしろもっと深く我々の世界を混乱と争い、テロにあふれた終わりのない地獄へと連れて行くのです。何が原因でそうなったかを考えず感情で行動した結果です。

　よくたいへんな苦しみが襲いかかった時「何で神はこの様な事態にさせるのか」と神を呪ったりするけれども現実は我々がそれを引き寄せたので、神のせいではないのです。

　あなたは、大自然（サムシングレート、神）の子ですから、大自然の能力や特性の化身です。大自然に備わったものはあなたにもあります。
　あなた自身の中心は、あなたが「私」と言う所です。

その場所であなたは大自然の特性をいかに、またどの程度まで表現すべきか、そして精神的能力や物質的能力をどう使うべきかを選べるのです。

　あなたの心を心配や恐怖で一杯にするのも良いでしょう。欲するものより欲しくない物のイメージを、想像の中に作り上げてもよいでしょう。愛を憎しみとして表現してもよいし、選ぶ才能には何の制限もないのです。コロナのこの時期、皆さん決断しませんか。心を平和や愛、幸福で満たしましょう。想像力を喜びや楽しみ、自然の豊かさ、安らぎに使いましょう。未来は変わります。一人一人が、輝かしい未来を想像すれば、現実となって表れるのです。恐れや心配、不安はもういい加減ごみ箱に捨てましょう。

「善きもの，悪しきものもない、ただ思いがそれを作るのみだ」と言われたのは、ローマの皇帝で、哲学者のM. オーレリヤスです。

　あなたの体内の心の威力は何かを選び決断することができ、そこから、あなたは体験の世界を創造し指揮をするのです。あたかも大自然のひとつの魂が、自然界に満ち渡る威力を指揮するがごとくです。「神の国は汝の中にあり」キリストともいっています。

心の力を心の財産を理解し、どう使っていくのか。

　皆さんは、ここまでお読みになってくると自分がいかに財産家（精神的な財産でも物質的財産でも）なのかがお分かりになったと思います。そこで、いかに効率的にこの財産力を現実の世界で自分の物にしていくかのスキルが大事になってくるのです。人生はわくわくする冒険旅行です。いかなる人生にするかあなたが自ら作っていきましょう。

　自分なりの幸福、楽しい生き方のために精神力の一歩を進めていきましょう。
　大自然は我々の態度に応じて、我々が信じる度合いに応じて、応答してくれるのです。どうせなら我々にとって良い物を、愉しい機会を、幸福な時間を信じてその様な態度を持って生きて行くことが大事です。現実は仮にそうではなくてもです。現実とはあなたがかつて作った過去だからです。
　くどいようですが、次元が違うのですからそこをよく理解してください。

　多くの人は、善い事のためには、大変な努力が必要と思っているのです。又、自分に善い事は他の人によいこととは逆と思っているのです。そのため、他の人よりも、自分だけに善い事を望むのです。

　この頃の会社は、非正規社員が多く、人々は十分なお

114

給料がもらえません。支配者階級のみ良くなる、格差社会になっていくようですが、結局は、社会全体が不安定になり、不満な人からテロなどを呼び込む土壌が作られ、平和な日々が崩壊してしまうのです。お金が大事だからと、自分に良いことだけ考えていると、自分の命さえも狙われるような社会を作り上げてしまっています。社長だけが何十億円もの年収をもらったとしても、毎日日々働いている社員は一体いくらもらっているのでしょう。人が暮らすのに、年間何十億のお金が要りますか？　我々は、考えましょう、人のためとは？

　何処に向かって生きるのか立ち止まって考えましょう。自分の隣にいる人が不幸せで何で自分が幸福と言えましょうか。この世に生まれたからには、誰もが幸福になるために生まれてきたのです。人のために何が出来るかを考えるのも、自分の幸福へ行きつく道にはとても大事な事です。

自分の価値、他人の価値を認める

　各自の問題解決や、心の平和、喜び、物質的な満足感を求めたいならば、自分自身の驚くばかりの価値と威力を受け入ましょう。自分自身や他の人々のために、いっそう多くの善き物、事を手に入れるべく、大自然の法則を何回も読み返し理解を深めましょう。この世に、私達が必要とする、何もかもが私達の中か周りにあります。

無知と誤解から、人々は、そういう恵みの受諾をしばし拒むのです。大自然が彼らに自動的に応答してくれるのを知らないのです。信じるに従って、私達になされる、という事を理解し信じる人にあなたがなるのです。

自分の希望を、未来ストーリーを何日かよく考えて書いてみましょう。

　楽しく満足な未来の自分を想像してみましょう。
　満足な家庭生活でしょうか？　やりがいのある仕事でしょうか？
　好きな趣味に没頭しているあなたでしょうか？　それらすべてでしょうか？
　なんでもあなたの望むままに作ってみましょう。

　まずはじめに、手に届きそうで届かなそうなものから。5つぐらい書いてみる。

例
　1）30万位するバッグや100万ぐらいの時計、500万円位する車が手に入る。
　2）家族円満、みんな元気。
　3）家族で海外旅行年1回。
　4）50坪の家を持つ。
　5）貯金1000万円。
　6）満足する仕事に就いている。

　もちろん、そんなもの全部持っている、と言われる方は、次の目標に向かって書いてください。

　次に人間コンピューターにインプット。

　まずゆっくり息を吐く。心の中で 10 回勘定して息を吐き切る。
　次に息を吸う。同じように心の中で 10 回勘定して息を吸う。
　この行為を 3 回から 5 回する。すると頭がボーとしてくる。それは潜在意識の扉が開いた合図。未来のストーリーを人間コンピューターにインプットする。

　想像の中で、1 〜 6 を鮮やかにみる。それらは高次元の世界ではすでに鮮明に出来上がっているのでそれを三次元の世界に持っていくには、今現在持っているように感謝をする。それを寝る前、暇な時言葉に出して言う。波動が高くなる、良い周波数の言葉（運の良くなる言葉）を言う。（運がいい。神様に好かれている。神様を愛している。周りにいる人々みんな良くしてくれる。私は素晴らしい等）波動が低い（人を恨む言葉や心配）と望んだ未来は叶い難い。

　まずは実験として一年は毎日のように、全て手に入ったとして感謝し運の良くなる言葉を言い続ける。一日一善、笑顔で人と応対その他をする。それでも結果が伴わなかったら見直しましょう。大きな望みは実現に何年も

かかかることがあります。諦めずに感謝しつづけましょう。

　あなたが机の上の電気スタンドの電気をつけたいのなら、プラグをコンセントに差し込み、スイッチを押します。それで光がこないとき、電気に向かって怒ったりしないでしょう。そうではなくて、何処か接続が悪いか調べます。必要なことをすれば、必ず光が入手できる事を知っているからです。この事は、次のことと同じです。すなわち、あなたの生涯に、求める現象や結果がこなければ、正しい事をしていないと言う証拠です。だから当然何をなすべきかを知らなければなりません。

　自分の未来設計に電気がともらない原因を探る。

＊良い未来を信じようとしない人、心の力を信じない人。

＊恐怖、怒り、コンプレックスがある場合。

＊人を許さない場合。
（自分を陥れた人、苦しめた人、嘘の噂に悩まされた人）

＊自分を許さない人。
（自分の過去の過ちを絶対に許せない人）

＊自分の表面の意識（顕在意識）と心底の意識（潜在意識）

の希望、望みや、未来の設計が同じでない場合。

＊力を入れ過ぎてしまう人。プールに浮かんだ状態がベスト。

＊すぐあきらめてしまう人。

＊人の悪いところばかり見つけて批判する人。
（自分が嫌いな人です。自分を好きになる努力を怠っている。私は素晴らしいと、尊敬していると 100 回言う）

＊結果ばかりを気にする人。
潜在意識では、良い事がおこると思わない人。
（大自然の法則を信じてない、神を信じてない。神に愛されていると毎日言いましょう）　神時間というものがあってあなたに一番良い時に実現する。その時まで信じて待ちましょう。

　このどれかに当てはまるか検討し、もう一度苦難解決法を勉強したりしましょう。

潜在能力を高める

　今までの生き方が、いまいち、自分で納得いかなかったら環境を変えてみる―土地を変える、食べ物を変える、考え方を変える（全ての状態、人、起きた事に感謝）、肉

体的（どんどん健康になると言葉にして言う。素晴らしい身体の細胞一つ一つに感謝）な変化を試みる。

　生きがいを作る。目的意識を持つ。恋愛をする。

　感動するような、音楽、絵画、文学に積極的に触れる努力をする。

　すべてに心から感謝する。人との出会いに感謝する。人のため、人が喜んでくれるために働く。

「私は素晴らしい、幸運の持ち主」暇さえあれば自分に言う。

　以上のことは、もともと持っている潜在能力を活性化させるのです。

祈　り

　祈りとは振動を上げて希望を実現するための行為です。

　人は、何か困った時、何かを欲した時、祈りの行動を取ります。歴史を通じて、あらゆる世界のあらゆる民族が祈りによって健康と幸福と満足な人生を送った人々は数え切れません。しかし、叶えられなかった人もまた数え切れません。普通以上に満足した人生を送っている人々は、それを知ってか知らずや、知恵のある威力の実在を認め、その力を使う方法を見つけ出したのです。

　ある人々に対してのみ、大自然の力や神が恩恵を施したとは考えられません。ある人たちが、成功裡に、効率よく、生きる祈り方を見つけ出し、使ったのです。

　それでは大自然（神）に受け入れられる効果的な祈りとはどんな祈りなのでしょうか。

　祈りを専門的に研究している米国のスピンドリフトという組織による研究結果があります。

　その人が病気であれば、常識的に考えれば、軽い病気なら祈りが効くかもしれないが、重い病気には効果ないだろうと思っていたら、実験結果は反対だった。また指示的（こうなってほしい）祈りと非指示的（特定の結果を想像せず、最良の結果になってください）祈りと、実験結果ではどちらも効果を上げることが分かりました。ただし、非指示的な祈りのほうが、指示的祈りに比べ二倍以上の効果をもたらすことも多かった。また遠距離か、

近距離かは関係なかった。世界のどこからでも祈りは通じる。

1) 希望の実現時の効果的な祈り

　　もし願いが物やチャンスでしたら、大自然（神）は、それが私に必要だと御存知です。もし私の願いが正しいのでしたら、大自然は（神）はそれまたはその人を私の所へこさせるか、または、私がそこへ導かれます。

　　大自然（神）は、私が必要としている、物だろうがチャンスだろうが、人だろうが手に入れる方法を知っています。私はすべてを、大自然（神）にお任せします。あなた（大自然、神）に感謝します。

2) 紛争を解決する祈り

　　自分だけが正しい、相手が悪いとの傲慢な態度で、人をとがめる心をもっていては、いくら祈っても大自然（神）の助けの門は開かない。相互の紛争を解決するには、大自然（神）の愛と知恵と調和を賛美し、心から相手の幸福を祈ることで、天国の門は開ける。

　　神の愛が降り注ぎ、自分も相手も共に幸福になれるように叡智をください。円満解決への道を神々しい光にて指し示しください。また双方とも良くなるようにしてください。神の完全なる知恵に感謝します。

3) 心の平安

　　本当の平安は、心の平和です。どんなことが起こ
ろうと、移り変わらぬ平安の心は神のみでありま
す。移り変わるものは、実在でなく単なる現象です。
肉体が病んでいたり、精神が病んでいたり、また
は思ってもみない大変な事態が起きた時、心は平
穏になれません。そんな時、この言葉を繰り返し
念じる事。

　　**どんな現象にも振り回されない強い心は、大自然
（神）の愛によって支えられています。**

　　**大自然（神）は、私を、彼を外界の全ての苦しみ、
憂いから守り、幸福の道にいざないます。**

　　**大自然（神）よ感謝します。ありがとうございま
す。ありがとうございます。**

4) 金運が良くなる祈り

　　私は、大金持ちで裕福な大自然の子供です。私に
必要なお金はどんどん入ってきます。さもなけれ
ば良く働けるようになります。

　　多くの人のためになるアイデアを思いつき、製品
にしたり、喜ばれる仕事ができたりします。私は
裕福な大自然の子です。

5)　健康になる祈り

　　私の細胞は毎日新しくなり、悪くなったものは修
復され日々新たに健康になっていきます。ひと呼
吸するたびに新たな大自然の躍動がみなぎりエネ

ルギーが体のあらゆる部分を浄化し、活力があふれている。

　私の体の各部分は、健康を競い合っている。私は私の体全てを愛してます。毎日良く私のために休みなく働いてくれてありがとう。感謝しています。毎日そう言って祈りましょう。

6）難問題解決のための祈り
　私は難題の原因のある世界で仕事をし、解決をします。より良い解決は大いなる大自然の力で難なく解決できると信じています。感謝します。

7）家を求める祈り
　私に必要な素敵な家に私は楽しく住んでます。ありがとうございます。大自然（神）に感謝しています。

8）不安、恐れ、心配を無くす祈り
　私は素晴らしい大自然の子供。いつも神が私を助け、心配や恐れのない世界で生かしてくれています。私は今日一日しか考えません。未来は全て大自然がよくしてくださるからです。楽しく、わくわくする毎日です。大自然、神様感謝しています。

運とは何か（運を考える）

　運には他力運と自力運がある。

　自力運を善くする心がけ

1、　先祖、親を大切にする。墓参りは大事です。親は生き
　　　神様、どんな親でも大事にする。親に会ったら「感謝
　　　してます」と言うこと。
2、　朝起きたら、窓を開け新鮮な空気を入れる。東に向か
　　　い清き水を手向け、先祖に感謝し合掌、仏壇がある場
　　　合は、水ご飯を手向け拝む。
3、　水周りを清潔に心がける。家全体をきれいに掃除をす
　　　る。
4、　玄関は、靴を乱雑に脱ぎ捨てない。
5、　御縁のある人、会社の上司部下への感謝と幸福を願
　　　う。また口に出して言う。
6、　何か人にできる奉仕を一日一回する。大それた事をす
　　　る必要はないのです。少額の募金や、人にやさしく微
　　　笑むなど。何でも自分にできる事をする。
7、　人をバカにしたり、卑下したりしない。
8、　自分がされて嫌なことは、人に絶対しない。

　方位を気にし過ぎる人がいます。吉方位に行けばすべ
て運が良くなるものと思ってはいけない。まず日々の暮
らしの善行の積み重ねが、最高吉方位に行かせてもらえ

る。いくら行きたくても、運のない人には、行かせてもらえない。良く白戒するように。

大事なお墓のふしぎな話
［幸運には欠かせない先祖、お墓］

　最近は、墓に関してどんどん新しい考え方が出てきて、樹木葬とか海にお遺灰を撒くとかがはやっています。主人と一緒の墓や、主人側の家の墓には入りたくないなどあります。また墓参りをきちんとしていますと言われる方でも、実家の墓は足しげくいらっしゃいますが、夫の墓にはほとんど行かない婦人が増えているように感じます。勿論名前を使っている方の墓が1番。2番は実家の墓となります。私は、かつて現実問題として墓がこんなにも大事なことと認識していませんでした。

　しかし、鑑定させていただくうちに、墓はとても大切な存在だと、仕事を通じて思うようになりました。

　今から10数年前の事、ある美人の御婦人が相談にいらっしゃいました。「結婚してから10年余りたつのですが子供が出来ないのです、医者に診てもらっても、二人とも体に欠陥が無いと言われました。何処が悪いのでしょう？」彼女は御主人の写真も一緒に持ってこられていました。算命学で見ても子供さんはちゃんと出ていました。

　そこで写真を見ましたら、一瞬ご主人の背中に墓石が倒れ込んでいる様子が眼に映りました。そこで私は、「ご主人はお子さんもさることながら、お仕事もとても大変

そうですね」と申しましたら「よくお分かりですね本当
に大変で、辛い辛いとこの頃よく申してます、どうして
分かったのですか？」「墓が御主人の背中に覆いかぶさっ
ているように見えました」と申しました。そこで「これ
は墓参りが大事だと思います」と言いました。

　彼女は非常に驚いて、すぐにご主人と墓参りに行くと
言われました。私は霊感があるわけでもなく、たまたま
墓が見えたように感じただけなのです。それから何年か
経った後、ひょっこり彼女がお礼に現れたのです。彼女
の話では、ご主人に話しましたら、墓参りなど一度もし
たことが無く、何処に墓があるかもわからないと言うこ
とで、実家に聞きにいったそうです。そうしたらご両親
が話すのには、夫婦養子で、財産は貰ったものの、墓参
りは義理の親が亡くなった時だけ行って、その後一度も
行っていないとの話。すぐさま二人でその墓のある所へ
行ったそうなのですが、そこでびっくりしたそうなので
す。御住職に墓のある場所を教えてもらい、行きましたら、
自分の家の墓所の木のお墓は、何十年の歳月で朽果て、
姿かたちが無くなり、隣の家の墓石が、地震か何かで自
分達の墓所に倒れていたと言うことでした。御住職にど
かしてくれと申したそうですが、「何十年も来もしないで
管理費も払わず、墓所が残っていただけ有難く思いなさ
い」と言われたそうです。その後二人は、毎日曜日、墓
参りをし、勿論管理費も払い、そうして一年がたったそ
うです。そうしたら誠意が認められ、墓石をどけてくれ
たそうです。墓を整備し、何ヶ月か経った頃妊娠が分かっ
たそうです。その後息子さんも生まれ幸福に暮らしてい

るそうです。

　もう一例が同じ夫婦養子の人でした。ある時大変困った様子の東大大学院の学生さんがいらっしゃいました。彼女は婚約していた彼がいたのですが、考え方や大事にしているものなどの違いからこの人との結婚は無理と感じ、婚約を破棄したそうなのです。ところが彼は法学部の大学院の学生で、婚約不履行で訴えられたそうなのです。その上慰謝料五百万円。どうしてよいかわからないというのです。そこで算命学で調べましたら、またまた墓が出てきたのです。そこで、彼女に申しましたら「生まれてから墓参りなどしたことが無い」と言っていました。そこで、「親御さんに墓のある所を聞き墓参りしなさい」と申しました。

　後日、彼女はお礼に来て下さいました。親も彼女の大変な事態に、一緒に墓参りすることになったそうなのです。彼らも、御多分にもれず夫婦養子でした。財産をもらったのですが、その後墓参りには行かなかったそうです。その家の墓の場所は、広い公園墓地で、もう何十年も行ってないので何処の場所か親は忘れてしまったそうなのです。しかも、鈴木さん、佐藤さん、の様なとてもたくさんあるポピュラーな名前で、午前中から、広い公園墓地を父親、母親、弟、彼女と縦に並んで探したそうなのですが一向に判らず、日も傾いてきました。また次の日にしようと帰りかけたその時、彼女の肩をたたく人がいたと言うのです。「なま温かい手だった」と。振り向くと人

影はなく、自分達の墓がそこにあったそうなのです。家族全員で、花と線香を供えて今まで来なかった事を一心に詫び祈ったそうです。そうしたら不思議、婚約不履行の訴えが取り下げられ、五百万円もなしになったそうです。彼女にとって非常に驚いた経験だったそうです。勿論その後もお墓参りはちゃんと行くと言っていました。

　また、今年は事故や怪我に遭いやすい年なのでいつもより心をこめて先祖供養してくださいと申し上げた人がいました。彼女は「ここのところ全然墓参り行ってませんでした。分かりましたすぐ行きます」とおっしゃってました。その後お礼にまいられました。「どうしたのですか」と聞くと「あれから、先祖供養を大切にしていました所、すごい事が起きたのです。先日自動車を運転していて、その日はとても疲れていて居眠りをしてしまったのです。はっとして前方を見ましたら、対向車線をふみ外し大きなトラックが前方から走ってくるではありませんか。あちらの車もブレーキをかけ、こちらもブレーキをかけたのですがなかなか思うように止まらない。そしたら誰かわからない先祖が覆いかぶさって一緒にブレーキをかけてくれやっと止まったのです。トラックと車との間わずか数センチ。九死に一生です。先生のおかげですありがとうございました」と言われました。

　墓が無い者同士の結婚において、運のなさは各段に悪く、することなす事全てに良い事がない場合があります。相談者は、病院から来たというのです。お金もないので

後でお支払いしますと言うことでした。そこで、御主人の墓はどこにあるのか、御自分の実家はと聞きますと、両方とも、墓が何処かわからないとのことです。なぜと聞きますと、親も祖父母も離婚再婚を繰り返し、何処に自分たちの祖先の墓があるか皆目わからない状態と言うことです。ご自分で先祖の御位牌を造って家でお祈りして下さる様に申し上げました。

　ある母親が、ご相談に見えられました。彼女の息子さん小学校５年生だそうですが、去年ごろからちょくちょく学校を休むようになり、今年からはずっと不登校になってしまったらしいのです。誰かにいじめられたという様子もなく、原因が分からないというのです。算命学で調べましたら、彼はご自分の家の墓守と出ていました。そこで、母親に、ご主人のご実家の墓参りはいかれてますかと尋ねました。そうしましたら、義理の母とはうまくいっていなく、其のうえご主人は彼女に不誠実な行動ばかりとり、家庭を大事にしてくれてないと不満を述べられ、そんな家の墓参りなど一度も行ったことがないと、また誰も亡くなってないからとも仰ってました。
　そこで墓の大切さを説明し、息子さんが何のために生まれたのかの一つは、墓守として先祖の供養をするために生まれて来たので、墓参りをしなければ、先祖からのエネルギーが来なくなり運がどんどん悪くなる。すぐに墓参りをするように進言しました。彼女はご自分が思っていた答えと少々かけ離れた解答に戸惑っていらっしゃいましたが、息子の為、ご主人様のご先祖の墓に、ご主

人ともどもいかれたそうなのです。とても荒れ果ててい
たそうです。私が言ったとおりに、奇麗に掃除し、花を
献花し、拝んだそうです。それから毎月ご主人様と墓参
りに出かけたそうです。そうしたら、まずご主人様が彼
女にやさしくなり、次に一年もしないうちに息子さんが
学校に少しずつ通うようになられたそうです。担任の先
生も心配してよく家まで来てくださったり、勿論皆さん
の息子さんに対してのご努力も沢山あったと思います。

　この仕事をしなくては、わからなかった墓や先祖の話
が他にもあります。
　前記以外いろんな方が墓の不思議についてお話して下
さるのですが、最近は結婚しない人が増えたりなど日本
人の考え方が、親や、先祖また目に見えない物に対する
畏敬の念が薄れてきているのではないでしょうか。絶対
に夫の実家の墓には入りたくないと言う奥方の多い事。
墓は、亡くなった自分より現世の、子や孫の運を左右す
る大事な問題です。子孫のためにちゃんとした供養をす
るべきだし、墓は大事にするべきと言うことが教えても
らいました。

　義父は、父親から２時間正座させられ、先祖を大切に
しない人は幸福になれないとこんこんと言われたそうで
す。そのせいかわかりませんが、兄弟４人戦争に行き全
員帰ってきたのです。近所の人は「よほど運がいい家族」
と大変驚いていたそうです。

運の良い人に共通していることは、親大切にしていること、先祖を大切にしていることです。また縁にふれた人を大切にしています。人は一人では生きられません。墓は子や孫にとってとても大切な物です。自分のためだけのものではない事を知って欲しいです。3. 11の大震災の時、ここから先には家を立ててはいけないと先祖が書き残していたのにそれを無視して家を立て多くの人が犠牲になりました。それと同じです。核家族が多くなり祖父母に会う機会が少ない人が多くなってきました。先祖からの素晴らしい金言がもらえない人がたくさん今の日本は出てきています。そのひとつが墓を大事にということ。子孫のために墓はあるのです。

他力運とは自分の運を良い方にアシストしてくれます

1) 姓名判断

　　私は小学校5年から英語を習いに行かされました。その先生は有名な女子大の英語の教授を退官し、当時は近所の小中高の子に英語を教えていました。その先生が姓名判断をしていて、近所の子供が生まれると名前を付けていました。そんなものあるものかと思っていたのですが、一緒に英語を習っていた幼馴染の友が「名前が悪い。変えなさい」と先生から言われました。この名前だと一生結婚できないと先生に言われました。彼女は頑

固で変えませんでした。いまでも彼女は結婚していません。近所に子共が生まれると先生からアシスタントのように字数を調べさせられたり英語を勉強しに来たのに姓名判断まで教えられました。その後いろいろな人の名前も研究してきましたが、ないとは言えません。昔からの字数がいいと思います。

2) 吉相の印

これも不思議に思っています。英語の先生にまたまた教わったのです。ハンコもあると思います。家に帰ってそのことを親に話したら、そういうものに興味ない親は飛び付きませんでしたが、叔父と叔母が飛び付き、すぐそのハンコを造りました。そしたら、たまたまでしょうが、会社員だった叔父と叔母の連れ合いが、会社を辞めて新しくそれぞれ事業を始め、時代も後押しし成功しました。家も借家も何軒も持ちました。歴代総理大臣が首相になる前に吉相の印鑑を購入すると聞いていますが皆さんどう思われますか？　もちろん高い物を買う必要はありません。柘植のハンコが良いです。

3) 吉相の土地に住む

家を持つ時とても大切な事です。土地に六価クロムなど良くない物質が埋め込まれていたり、土壌がゆるかったり、崖だったりすることがありますから調べる必要があります。現在は地震が多くあ

りますので、昔の土地名など参考にして良い土地を調査することは大切です。病気になったり命にかかわる事も大いにあります。

4) 吉相の家に住む

　ある建設会社が建てた、同じ間取りの家が15棟ありました。どういうわけかそこに住む奥さん達全員、家出したり、病気になったり、事故に遭ったり。その中の住人の一人が家相を見てもらったところ、奥さんの場所（西南）が凶相だったとか。また良く泥棒に入られる団地があり、家相は皆玄関が鬼門 (東北) だったそうです。

5) 吉方転居

　実験のため十回ほど転居してみました。その中で東南吉方位がお勧めです。天中殺の時の移転はだめです。妻の天中殺の時は、夫の仕事が劇的に悪化します。夫の時は家族全員運が落ちます。

6) 良い水晶を持つ

　実験のため移転した中で幽霊の出る家がありました。悪さをする事はないのですが、一緒に雑談に加わったりします。その部屋で眠れば、殺される夢を見ることや、金縛りが何回もありました。その時水晶玉を置きましたら即大丈夫になりました。

1950年代、科学者は、水晶の主な元素はシリコンであり、炭素とまったく同一の生命の法則を示

してあることを発見しました。現代科学では、炭素と、シリコンのみが生命を創造することが出来る元素として認知されています。またシリコン100％の生命体、意識を持ち、繁殖も可能で体に炭素が全く含まれていない生命体が、深海で発見されています。ですから、水晶は、人間が考えているより遥かに、意識的であることを理解しておく必要がありまあす。マルセル・ヴォゲルは、ベル研究所にも勤務したことがある200以上の特許を持つ世界的有名な科学者です。彼は水晶が、人間の思考と感情の両方を受け取ったり、送信したりすることが出来る事実を発見しました。世界で最初のラジオはクリスタルを利用したものでした。水晶の一部をワイヤーで触れると、ラジオ信号がスピーカーから聞こえくるというものでした。これは、水晶が、ラジオ波の周波数帯にある電磁気的な信号を感知するという仕組みです。また、周波数の電磁気的な領域では人間の思考を見つけるのも可能。と言うことは、水晶は、人間が考えていることを理解しているのではないでしょうか。その上、今日使われているコンピューターは、水晶以外の何者もなく、プログラムすなわち思考パターンを保持できる。つまり、適

切にプログラムさせた水晶は人間世界に、広大な領域まで変化をもたらし影響を与えているといえるのです。

光の世界では、色のついた光（色光）を重ねていくと、「透明」になります。

　色のある光を混ぜていくと、最後には（透明）見えなくなる？　透明色は全ての光を含む「光そのもの」で、透明な水晶は神聖な光をはなち、持つ人のエネルギーを高めネガティブエネルギーから守ってくれる。水晶は浄化力が強い石です。

★水晶は結晶が安定しているので、「周波数」も安定しています。

　人の気、部屋の気、「気」が乱れるということは、周波数が乱れているのと同じで、水晶の安定した周波数で、乱れた周波数を「同調・安定」させることができます。「気の安定」、これも水晶の効果です。「水晶の浄化のパワー」はここにあり、邪気の浄化、魔よけの効果もここからきているのです。

　自分にとって良いパワーをいただいてくるので、ギスギスしていた気持ちが大らかになり、モチベーションが上がってきます。

　　そうすることで、自然と良い運気を引きよせる力が増加し、良い気がめぐるようになってきます。心が柔軟で無垢な状態になると、運を引きよせる力は倍増し、幸運を受け取る準備ができると考えます。

　大切にしたいのは、日々の行動です。積極的な行動がプラスを生むと考えています。

　日頃から開運行動を重ねていれば、不思議と自分にとって負になる行動にセーブがかかってくるようになります。

　もっとも簡単で効果的な吉方取りと、日常の行動を組み合わせることで、あなたの願っていることを形にする時間はどんどん近づいてきます。

自然界のパワーをいただき運を上げる

　木精を使う　自然にふれあう（森林浴など）
　　　　　　　　大きな木に抱きつく。

　火精を使う　神社仏閣で頭を垂れる、芸術に親しむ一音楽や絵画展へ行く。お芝居を鑑賞する。

　土精を使う　土をいただく（ご神木を支える土、神社でご祈祷済みのお砂やお土）。

　金精を使う　貴金属を身につける。守護神の色の宝石を身につける。

　水精を使う　湧水をいただく。
　　　　　　　　日本は名水の多い湧水群の豊富な島国で水が身近な存在であると同時に、お水をいただくという達成感がある行為になじみがあります。
　　　　　　　　神社でご神水をいただく。
　　　　　　　　源泉掛け流しの温泉は木火土金水全ての運をいっぺんにいただくことができます。

これらは人生の運を 10％ぐらい上げるのにアシストし
てくれると私は考えます。運命学を研究して思いました。
占いを全て批判する人は、何も知らずに馬鹿にするので
す。人の事も何もかも知らないから馬鹿に出来るのです。
人間のできている人は、知らないものを批判しません。
また一方では、吉方位ばかり狙って行く人がいます。何
でも固執してはいけません。占いばかり気にする人がい
ます。しすぎはいけません。またちょっと勉強しただけ
で占いの仕事をしている人がいます。大変困った人達で
す。心理学から占いまで研究した私の結果です。

まとめ

幸運がどんどん来る奇跡とは

あなたは幸運ですか？と3000人に質問したとします。
何人の人が「私は幸運です」と答えるでしょうか。
1 私は幸運です。2 普通です。3 幸運ではありません。
あなたはどう答えるでしょうか？
勝手に自分で、私は幸運ですと信じるのです。仮にこんな体験いやだと思うことが起きてもです。幸運のもとに生まれたのだから、結果良いことになると信じるのです。
勝手に思い込み法則を使ってどんどん幸運をつかんでください。コロナで地球全体の人々に多くの学びをさせてもらっていますが、結果だからよかったといえる世界になるといいですね。

また今の現実が我々にとって、恐れや不安、苦しみや心配で満ち溢れている場合、過去の集合意識的考えが今の現実を作り上げているとしたら未来を変えるにはこの今という一瞬しかないのです。

皆さんワークをしませんか？　未来を変える壮大な実験です。月の1日、15日夜9時、皆さん心の中で今いる場所で目をつむり想像の中で手をつなぎ、豊かで、楽しくお互い愛ある日々の中で暮らしていることを想像するのです。そしてそうなることを、決断するのです。

勿論にこにこ笑ってね！　「私達はなんて幸運なので
しょう」「大いなる大自然に感謝します。ありがとう」「こ
んな素晴らしい地球に生まれて感謝」と50回言いましょ
う。いつも暖かい愛を、希望も下さり、また人間の過ち
をいつも許して下さる素晴らしい大自然、地球。そして、
その子であることの喜びに思いを巡らしましょう。この
現実世界の未来がどのように変化していくか？

**　この日本から発信し、世界へと。**

　さあ！　皆さんでわくわくする冒険旅行の出発です。
どんな世界が待っているでしょう。体験しましょう。こ
こまで読んでくださってありがとうございます。皆さん
のお幸せをお祈りし筆を置きます。

参考文献

『TNT WITH　IN　YOU』　BRIST 著

『精神力その偉大な力』　ダンカスター著

『精神医学』　中井久夫＋山口直彦著

『法華経三部経』　庭野日敬著

『カウンセリング理論』　国分康孝著

『算命学』　高尾義政著

『悠久の軍略』　高尾義政著

『精神看護学』　中西睦子監修。安藤幸子、岡谷恵子、
　　　　　　　　　　近藤範子編著

『気学の話』　観象学人著

『クオリア入門』　茂木健一郎著

『意識とは何か』　茂木健一郎著

『ユダヤ人大富豪の教え』　本田健著

『仏教入門』　松原泰道著

『般若心教入門』　松原泰道著

『法華教と原子物理学』　松下真一著

解　説

A 文学会

「幸せに生きるためには」「精神的に楽になるためには」という趣旨の書籍は絶えず刊行されている。それら書籍中で提案される手段は実にさまざまで、手に取った読者は「実のところ正解はないのだな」と微苦笑するのが現実ではないだろうか。「一か所でいいから居場所を持とう」「あなたは一人じゃないんだよ」との声かけがあると思えば「基本的に人は一人。認めてしまえば楽になる」「ネットは他人。他人に引きずりまわされるな」といったいましめもある。ただし昨今の主流は、「いい人、優等生になろうと思わないで」「肩の力を抜いて、頼れるときは人に頼って」などの、「がんばりすぎないで」系が多いようだ。それだけ重いプレッシャーを受けている人々が多いということだろう。

　本書の趣旨は、そういった現代的な潮流から比べると、シンプルかつ骨太だ。自分を信じ、まだ使われていない眠れる力を引き出そうというものだ。中でも作者命名「勝手に思い込み法則」はメッセージの根幹。「例えば、現状はどうあれ、私の主人、妻、子供、友人、仕事その他は私にとって世界で最高です。それらのすべてに尊敬され、愛され、大切にされ、重要だと思われています。と勝手に思うのです。何ヶ月か経つと結果が表れます。心から思わなくてもいいのです」とある。当該法則は人間関係のみならず、物質・経済面でも有効だという。「勝手に、自分はお金に恵まれていると思う。私はお金に好かれて

いる、と思う。声に出して人のいないところで言う。寝る前に十回言って寝る」。作者の豊穣なパッションに呆然とし、試してみたくなる言葉ではないか。

　作者の信念からは、他力本願ではない意思を感じる。いや作者によると「人間は自然が作った精巧なコンピューター」であり、人間は自然の大きな力に助けられて運命をハンドリングするそうだから、必ずしも「したたかな個」に信を置いているわけではないのだろう。それでも、うつに悩んで通院し、思うように回復しなかったとき、本の中から自分を救う言葉を探そうとした行為には、頭が下がるとともに強い自助の意思を感じる。苦しい時に先人の書籍に手あたり次第に当たるのは、穏当な手段のようでいて、実は背水の陣を敷いた命がけの行動だからだ。経験者ならばうなずくことだろう。

　本書のメッセージは、作者の苦難の体験から出た信念であるので、筋が通っていて重心が低くたくましい。「取り越し苦労」について記述した箇所を引用してみよう。「取り越し苦労は、人生最大の呪いです」「鍵をかけたか、ガスを消したか。自分を疑い始めるのです」「人間の推理能力のみが取り越し苦労をするのです。推理能力はすばらしい能力なのですが、誤った破壊機能として使ってしまったのです」「取り越し苦労は私たちの世界を地獄に連れていく機能です。意思をもってやめましょう」。なるほど、自分で作り出す恐怖や障害ほどばかばかしいものはない。手で触れられる苦難を経験した作者だからこそ、「枯れ尾花」に対してはよけいに苦々しい思いになるのだろう。

　本書における、幸せのためのアプローチはさまざまだ。

とはいえ、繰り返すが根本はシンプル。シンプルかつ豊穣な一冊である。おそらく作者の個性そのままの、たいまつのような明るさと温かさがある一冊だ。

著者プロフィール

陣内　恵　（心理カウンセラー）

　家族がうつ病で苦しみ、10 以上の病院へ一緒に行き、薬は増えるばかりで一向に良くならない現実を突きつけられ、ショックを感じ、何とか助けたいとの一心から、西洋から東洋まで、良さそうと思うものを色々学ぶ。

　都立短期大学で経営学＆システム学（C 言語など）を学び、都立保健科学大学で心理学全般を、産業能率大学にて、産業心理学その他を学ぶ。また算命学、易学、その他習得する。

　吉祥寺にて事務所を開設し 20 年以上、主婦、OL、サラリーマン、経営者多くの皆様のお悩みに向き合い今日に至る。

カウンセリングハウス　Green-Woods
〒 180-0004
東京都武蔵野市吉祥寺本町 1-20-1-905
TEL：0422-21-6305
E-mail：megujn@ezweb.ne.jp

人生はわくわくする冒険旅行

2021 年 11 月 8 日　第 1 刷発行

著　者　陣内　恵
発行社　Ａ文学会
発行所　Ａ文学会
　　　　〒 181-0015　東京都三鷹市大沢 1-17-3（編集・販売）
　　　　〒 105-0013　東京都港区浜松町 2-2-15-2F
　　　　電話 050-3333-9380（販売）FAX　0422-31-8164
　　　　E-mail：info@abungakukai.com

ISBN978-4-9911311-3-4